智力资本入股视角下的企业劳资分配研究

肖曙光◎著

The Research on Enterprise Labor and
Capital Distribution in the View of
Intellectual Capital Becoming a Shareholder

经济管理出版社
ECONOMY & MANAGEMENT PUBLISHING HOUSE

图书在版编目（CIP）数据

智力资本入股视角下的企业劳资分配研究/肖曙光著 . —北京：经济管理出版社，2017.7

ISBN 978 - 7 - 5096 - 5189 - 6

Ⅰ. ①智…　Ⅱ. ①肖…　Ⅲ. ①智力资本—关系—企业—分配—研究　Ⅳ. ①F014. 391 ②F275. 4

中国版本图书馆 CIP 数据核字（2017）第 143009 号

组稿编辑：宋　娜
责任编辑：赵喜勤
责任印制：黄章平
责任校对：赵天宇

出版发行：经济管理出版社
　　　　　（北京市海淀区北蜂窝 8 号中雅大厦 A 座 11 层　100038）
网　　址：www. E - mp. com. cn
电　　话：（010）51915602
印　　刷：北京晨旭印刷厂
经　　销：新华书店
开　　本：720mm×1000mm/16
印　　张：14. 5
字　　数：268 千字
版　　次：2017 年 7 月第 1 版　　2017 年 7 月第 1 次印刷
书　　号：ISBN 978 - 7 - 5096 - 5189 - 6
定　　价：88. 00 元

前　言

我国劳动所得比重一直处于较低水平，并且从 20 世纪 90 年代中期以后呈逐步下降趋势。对此，林毅夫（2008）尖锐地指出，在国民收入分配中，资本所得不断上升，劳动所得不断下降，现在经济发展过程中出现的不少突出矛盾和问题都与此有关。通过让智力资本入股参与企业剩余分配可从"源头"上加大国民收入分配调整力度，长效增加劳动所得，从而提高中等收入者比重，调动劳动者积极性；可促进分配规则公平，理顺企业劳资分配关系，从而减少劳资矛盾，助力"和谐企业"建设；可促进我国经济向知识和创新驱动模式转型，从而加快我国经济发展方式转变。

本书运用规范研究与实证研究相结合的研究方法，主要就四个层次的系列问题进行了研究探讨：第一个层次的问题是从新的视角论证智力资本参与企业剩余分配的新型劳资分配机理，具体包括经济形态与资本形态的演进关系、部分与全部智力资本参与企业剩余分配变革的条件、智力资本参与企业剩余分配变革的动力、帕累托改进空间及改进路径等；第二个层次的问题是探讨智力资本参与企业剩余分配的机制（具体包括人力资本、组织资本和关系资本各自分配的原则、内容、顺序与形式等）；第三个层次的问题是从典型案例与大规模实证研究角度进行智力资本参与企业剩余分配变革的收入效应分析，具体包括人力资本、组织资本和关系资本参与企业剩余分配变革的收入效应典型案例分析以及作为人力资本重要表现形态的股权激励财富动力（劳资分配效应）等；第四个层次的问题是深入研究智力资本参与企业剩余分配的基础理论与制度保障，具体研究了智力资本的量化改进、智力资本流转及智力资本股东有限责任承担、保障智力资本与物质资本具有均等机会和同等权力分享企业剩余的治理制度及会计制度体系重构等问题。

本书围绕智力资本参与企业剩余分配的新型劳资分配这一主旨，从企业微观个体入手，取得了四大研究成果：

成果一：从经济形态与资本形态的演进关系角度论证了智力资本分享企业剩余的新型劳资分配机理；之前虽有众多学者从利润贡献、激励角度和产权角度论证了人力资本参与企业剩余分配的理论依据，但人力资本毕竟只是智力资本的一部分，前人的研究并没有涉及关系资本和组织资本参与企业剩余分配的理论依据。并且即使是关于人力资本参与企业剩余分配的理论依据论证也没有抓住问题的实质，因为其无法解释利润贡献等因素在传统经济时代一直客观存在的情况下，物质资本主导并独享企业剩余的传统范式仍被长期奉为经典的事实。本书从经济形态与资本形态演进关系角度来论证其理论依据无疑抓住了问题本质，因为新经济形态不但派生了人力资本和智力资本这一新资本形态，而且还使其分享企业剩余的愿望日趋强烈。

成果二：考虑经济发展水平的严重不平衡以及分工结构的巨大差异性，率先从技术和制度上突破现有劳资分配研究的局限性，建立起价值网络化产业组织三类企业劳资分配权威或主导分配范式的一般分析架构，并运用该分析架构令人信服地解决了价值网络化产业组织中的三类企业劳资分配关系问题。具体是，模块制造商的劳资分配范式是一种物质资本主导的"资本雇佣劳动"分配范式，其智力资本注定要被物质资本所雇佣，很难实施智力资本入股制度创新；系统集成商的劳资分配范式是一种智力资本与物质资本共同主导的劳资分配范式。智力资本入股通常采取"部分智力资本"入股形式，实施对象为部分关键智力资本；规则设计商的核心竞争力在"智"而不是"物"，其劳资分配范式是一种智力资本主导下的"劳动雇佣资本"分配范式，该类企业的智力资本入股实施成熟度非常高，通常可选择智力资本全入股形式，实施对象为全体智力资本。在此基础上，本书进一步从企业生命周期角度探究了智力资本参与系统集成商和规则设计商剩余分配的具体类型选择问题。

成果三：智力资本以入股方式参与企业剩余分配须有改革动力，而动力的有无和强弱又主要取决于该项变革能否形成帕累托改进。本书深入研究了部分与全部智力资本参与企业剩余分配变革的条件、智力资本参与企业剩余分配变革的动力、帕累托改进空间及改进路径，为智力资本入股视角下如何实现利益均衡的劳资分配关系提供了科学的理论支持。

成果四：深入研究了智力资本参与企业剩余分配的基础理论与制度保

障，具体研究了智力资本的量化改进、智力资本流转及智力资本股东有限责任承担、保障智力资本与物质资本具有均等机会和同等权力分享企业剩余的治理制度及会计制度体系重构等问题。本书较为圆满地解决了智力资本参与企业剩余分配的一系列基础理论与制度保障问题。

本书通过系统深入研究，得出了七大研究结论：

结论一：整体看来，经济形态历经了农业经济、工业经济以及知识经济三个时期。其中，知识经济又可细分为初级和高级两个阶段。本书研究得出不同时期的主流企业分配范式截然不同，具体是：农业经济时期的主流企业分配范式是比较极端的物质资本主导"租佃制"分配范式；工业经济时期的企业内部分配范式仍然是一种物质资本主导的范式，需要指出的是，此时的物质资本所有者与智力资本所有者的分配关系是与农业经济时期不同的"资本雇佣劳动"形式，物质资本所有者在享有更多收益的同时也需要承担更大的风险；在知识经济初级阶段，主流企业形态是智力资本与物质资本共同主导的企业劳资分配范式；知识经济高级阶段，主流企业形态的内部分配范式是一种智力资本主导的"劳动雇佣资本"分配范式。

结论二：知识经济时代，由于智力资本的沉淀成本不可忽略以及物质资本的沉淀成本的减少和转移，智力资本参与企业剩余分配的愿望日趋强烈，企业智力资本入股无疑顺应了时代发展要求。智力资本有机融合了物质资本和人力资本，智力资本产权不能想当然地归资方所有，也不是简单地归劳方所有，其产权存在一个分割问题。具体是，智力资本中的人力资本产权应完全划归劳方所有，而智力资本中的关系资本和组织资本的形成和增值具有共有性，没有唯一的专属人格化产权主体，其产权应在劳资双方之间进行合理的分割。

结论三：智力资本分为人力资本、组织资本和关系资本三部分，因此，智力资本入股具体涉及人力资本入股、组织资本入股和关系资本入股三部分。可见，智力资本入股并非人力资本入股，它比人力资本入股更为现实也更为复杂。从宏观演进轨迹来看，有效率的企业智力资本入股演进路径是从 A_{33} 点向 C_{11} 点展开梯度性发散蔓延。对于企业来说，选取企业智力资本入股路径的关键在于企业找准自己的位置，再根据实际情况选择部分还是全部智力资本入股方式。

结论四：智力资本入股是一项复杂、敏感的利益分配改革，虽然顺应了时代发展要求，具备强大的时代变革动力，但也必然涉及利益的冲突。

智力资本参与企业剩余分配变革须有改革动力，而改革动力的有无和强弱又主要取决于该项变革能否形成帕累托改进。这就要求笔者由过去仅关注政府或资方收益的单一求解转变为同时关注政府、资方和劳方三方的综合收益求解，最终达到一个各利益主体都可接受的帕累托平衡点。理论上，本书通过数理推理找到了智力资本入股参与企业剩余分配形成帕累托改进的条件和路径。实践中，本书通过案例与大规模实证分析得出，在我国，智力资本入股参与企业剩余分配确实为企业劳资双方的收益带来了积极影响。

结论五：智力资本的流转制度安排是智力资本参与企业剩余分配的重要保障。智力资本的流转具有两层含义：一是指智力资本参与企业的运营过程，首先转化为货币资本，进而转化为储备资本、生产资本、商品资本三种形态，最终回到货币资本形态，实现企业增值；二是指智力资本及其载体在企业内及企业间的流转。如果将企业作为一个研究系统，则企业智力资本的流转可分为两种形式：一是智力资本对企业的流入与流出；二是企业智力资本的内部流动。这两种形式的智力资本流动都将给智力资本入股企业和股东产生重要影响，都需要构建相应的合理制度安排保障。

结论六：智力资本股东获取股权收益必须承担有限责任，智力资本承担有限责任可以通过建立智力资本责任承担救济机制、智力资本承担有限责任的赔付备用基金和保证有限责任制来实现，责任承担的整体路径是，当企业仅发生亏损并未破产时，应先启用企业公积金弥补亏损，不足部分再由智力资本股东和物质资本股东按股权比例共同弥补，此时才启用智力资本股东的清偿备用金，若仍然不足，可根据保证有限责任机制以及智力资本责任承担救济机制予以清偿，清偿后智力资本承担的有限责任消除。

结论七：传统企业治理模式实行的是以物质资本为基础的"单边治理"，治理的目标是怎样使物质资本所有者的剩余索取权得到最优保障。在实行智力资本入股改革后，企业股东不再局限于物质资本股东，企业治理模式实行的是以物质资本和智力资本为基础的"多边治理"，公司治理的目标不再是物质资本股东利益最大化，而是保障物质资本所有者和智力资本所有者享有平等的剩余索取权，实现包括智力资本与物质资本股东在内的所有者权益最大化。本书认为，智力资本入股改制后的企业治理风险防控需要结合智力资本与物质资本的差异性构建相应的制度安排妥善解决好三类"相容性"问题：①解决利益主体因利益不一致而引起的利益相容性问题；②解决代理人能力与企业发展要求不相容而引起的能力相容性问题；③解决信息不对称、信息不完全和信息不完美与企业抉择要求不相容而引起的信息相容性问题。

　　本书的学术价值主要体现在：研究成果在理论上将推进企业理论和分配理论的完善和发展，在实践中将为我国企业实施智力资本入股新型范式变革及通过该变革理顺劳资分配关系、实现劳动所得比重的可持续动态均衡提高提供理论支持平台。这些研究成果不仅对企业界、行业协会、劳资个体有指导和启发作用，而且对宏观和中观决策层也具有参考价值。

目　录

第一章 导 论

本章讨论了以下几个方面问题：一是回顾与述评国内外研究现状；二是阐释本书的研究意义与主要理论基础；三是本研究的体系结构、内容与方法。

第一节 研究文献回顾与述评

一、智力资本研究文献回顾与述评

在智力资本研究领域，国内大多数学者的研究重心集中在人力资本领域，在这一领域，形成了大量的研究文献，近年来，随着国外智力资本研究的兴起，国内也有一些学者开始将研究视角转向智力资本研究，不过从现有所能检索到的文献来看，这类研究还大多停留在智力资本的概念阐释、效用论证和国外研究转述层面上。但人力资本毕竟不能与智力资本画等号，两者之间存在非常明显的差异。按大多数学者的观点，智力资本大体分为人力资本、组织资本和关系资本三部分，准确地说，智力资本与人力资本的关系是一种包含与被包含的关系，人力资本只是智力资本的一部分。

国外智力资本研究主要围绕四个主题展开：一是围绕智力资本的概念主题展开研究。迄今为止，在智力资本的概念研究上大体形成了四种主张或流派：①无形资产论主张或流派，以 Hudson（1993）为代表的学者认为智力资本是使组织得以运作，并为组织提供附加价值，通过与相关环境的配合来实现卓越组织目标的无形资产的总和。②价值资源论主张或流派。

该派学者认为智力资本没有实体但有价值，是企业特有的可以创造价值的资源。③人力资本论主张或流派。该派学者以 Boudreau 和 Ramstadl（1997）为主要代表，他们认为智力资本与人力资源管理紧密相连，人力资本即企业员工的知识和能力，是企业竞争力的源泉；而智力资本是企业员工能力与承诺的乘积，依附于员工的意识和态度。④知识管理论主张或流派。以 Andriessen D.（2001）为主要代表的一些学者认为，智力资本是在企业活动中由组织知识转化而来的能够使企业实现市场价值和增值的资源的总和，是企业的知识、资源以及能力的综合结果。二是围绕智力资本的结构主题来展开研究。归纳起来，该主题研究主要有四种结构主张或观点：①两要素主张或观点，认为智力资本分为组织资本和人力资本（Roos et al.，1997；OECD，1999）。②三要素主张或观点，认为智力资本分为人力资本、组织（结构）资本和关系资本（Stewart，1997；Brennan and Connell，2000；Sanchez et al.，2000；Guthrie，2001；Sveiby，2001）。③四要素主张或观点，认为智力资本分为人力资本、客户资本、战略联盟资本和组织资本（Leliaert et al.，2003）。④五要素主张或观点，认为智力资本分为人力资本、客户（关系）资本、组织资本、过程资本和创新资本（Edvinsson，1997）。本书认为，将智力资本划分为人力资本、组织资本和关系资本较好地反映了智力资本的本质和特性。关系资本作为企业各种关系的总和，具有很强的变动性，与较稳定的组织资本有着质的不同，因而不能归类于组织资本。而过程资本和创新资本都是体现企业组织的运作管理情况的企业组织的某一要素，过程资本和创新资本并不适合作为一种独立的资本单列，从根本上讲，过程资本和创新资本属于组织资本的一种表现形态。三是围绕智力资本的量化主题展开研究。学者们从不同的角度进行了探究，归纳起来，智力资本的量化研究大致有三种量化思路：①成本法量化思路。以投入的成本为基础，以所投成本来计算智力资本价值。②市场交易法量化思路。以交易过的同类资本市场价值为基础，并在此基础上加以适当调整，得出待评估的智力资本的价格。③收益法量化思路。以收益为基础，以获得的超额收益为依据来计算智力资本价值。四是围绕智力资本的作用与影响主题来展开研究。众多学者运用不同方法对该主题进行了大量研究（Bontis，1998；Zhen et al.，1999；Hurwitz et al.，2002；Rylander and Peppard，2003；Mavridis，2004；Chen et al.，2005；Tan et al.，2007；Kamath G. B.，2008；Daniel Z. et al.，2010；María D. L. et al.，2011），研究得出智力资本对企业的业绩和战略目标的实现有着重要影响，有助于克服传统环境管理系统的缺点。

二、初次分配研究文献回顾与述评

在初次分配研究领域，国内外文献大致可分为两类：一类是在物质资本主导并独享企业剩余的传统范式下的分配研究；另一类是主张由人力资本与物质资本共同主导并分享企业剩余的范式下的分配研究。

1. 物质资本主导范式下的分配研究

物质资本主导范式下的分配研究主要围绕五个主题展开：一是初次分配的原则。二是初次分配的具体内容与形式。三是初次分配中政府、资方和劳方的受益格局、格局效应及其成因，刘迎秋阐述了现存收入分配制度的不合理性，例如企业中存在严重的"脑体收入倒挂"现象，其特征是脑力劳动者的收入低于体力劳动者，高技术含量的劳动收入低于低技术含量的劳动收入，表现为两类劳动收入的倒置，同时还指出"脑体收入倒挂"的根本原因是对人力资本的重视不足。四是企业工资的决定机制。五是政府的责任及干预初次分配的方式与行为选择。针对这些问题，国内外学者进行了大量探讨并有不同的理论主张和解释。

2. 人力资本与物质资本共同主导范式下的分配研究

研究主要集中在四个方向：

第一，从激励角度探讨了人力资本参与企业剩余分配的必要性。在国外，Alchian 与 Demseiz 从企业团队生产的角度做了相关研究，提出了企业管理者应该拥有剩余索取权。Jensen 和 Meckling（1976）则从理论上研究了管理者参与收入分配的内在机制。Hart 和 Moore（1990）认为，剩余控制权应该给予对投资决策起重要作用的一方。Holmstrom 和 Tirole（1989）的研究认为所有权应该分配给那些难以估计贡献价值的投入要素。Stiglitz J. E.（1974）研究表明在产品是经理人和可观测规避风险的情况下，分成合约能够帮助解决这种代理问题。分成合约减少了委托代理带来的风险，相应会增加代理人由于努力工作而获得的报酬。20世纪80年代，Stiglitz J. E. 等又提出了"利益相关者理论"（Stakeholder Theory）。该理论认为，企业的目标应是企业价值最大化，不只是股东利益最大化，企业应通过有效的制度安排照顾所有"利益相关者"的利益，"利益相关者"理应分享企业剩余和控制权。企业相关利益者包括股东、债券持有者和贷款者等，如债权人、投资者、工人、经营者，有的甚至还包括地方权力部门和供应商、某些顾客等（Gorton，Schmid，2000）。"利益相关者"理论将经营者、工人等人力资本所有者作为企业控制者之一，但仅从利益分享的角度，没有突出人力资本的"产权"性质。在国内，周其仁（1996）分析了人力资本不同于物质资本的特征，如人力资本与其载体的不可分离性，人力资本只能激励而不能压榨等，并从人力资本的应用只可激励而无法压榨的前提出发，进一步论证认为，是企业人力资本的存在保证了企业的非人力资本的保值、增值和扩张。因此认为"企业是人力资本与非人力资本的一个特别合约"，企业的人力资本所有者也应该拥有企业所有权。杨瑞龙、聂辉华（2006）认为正是由于契约的不完全存在，当事人有可能面临被"敲竹杠"的风险而做出错误的决断，从而致使事前约定的最优契约失效。由于未来存在不确定性，因此允许人力资本分享企业剩余，使人力资本与物质资本的目标一致，从而在一定程度上可以减少交易成本。

第二，从利润贡献和产权等角度探讨了人力资本参与企业剩余分配的理论依据。在国外，传统的经济理论认为经济增长必须依赖于物质资本和劳动力的增加，但 Theodore Schultz 认为，科研开发、知识、智慧投资理财、管理技术等人力资本的提高对经济增长的贡献远比物质资本、劳动力简单的数量增加重要得多①。社会经济制度发展的最显著的特征就是人力资本的动态增长。他先后发表了《新出现的经济现象与高等教育的关系》、《人力资本的投资》、《由教育形成的资本》等一系列前瞻性与开创性的专著与论文，构建了人力资本理论体系，并成为"研究人力资本理论的先驱者"，于1979 年获得诺贝尔经济学奖。在 Theodore Schultz 之后，Edward Denlson 运用实证计量的方法证明了人力资本在经济增长中的作用。他最著名的研究成果是通过精细的分解计算，论证出美国 1929～1957 年的经济增长有 23%归功于教育的发展，即对人力资本投资的积累。Jacob Mincer（1957，1974）用收益函数论述了收入的决定以及导致收入差别的原因和规律等问题。他认为，在经济增长过程中人力资本发挥了双重作用：其一，人力资本作为一种由教育和培训产生的技能存量，在生产总产出的过程中与物质资本相协调；其二，作为一种知识存量和创新源泉，人力资本是经济增长的一个

① 西奥多·W.舒尔茨. 论人力资本投资 [M]. 吴珠华等译，北京：北京经济学院出版社，1990.

基本动因。他研究认为，劳动者所接受的正规学校教育以及工作经验的积累等方面的人力资本的投资的差异是劳动者收入分配差异的决定因素。K. Arrow（1962）基于前人的研究提出了"干中学"的模型，此模型的特点在于其把劳动者获得知识的过程内生于模型，并依次推导出规模收益递增生产函数，认为规模收益递增的根源在于人力资本的外部效应。罗默在阿罗的基础上又引入了知识要素，建立了知识推进模型，这一模型用来解释人力资本对经济增长的贡献更为合理。诺贝尔经济学奖得主库兹涅茨（Simon Kuznets）的研究证明了舒尔茨的论点，他通过长期的考察发现国民收入中由资产创造的贡献份额日趋下降，而劳动的贡献份额逐步提高。Robert·Lucas（1988）的人力资本溢出模型将人力资本作为独立因子纳入到经济增长模型，认为人力资本积累是促使经济增长的真正原因。随后，Danilo Guaitoi（2000）动态地分析了收入分配与内生经济增长的关系。Jean - Marie Viaene Itzhak Zilcha（2002）在研究收益分配与经济增长的关系中指出人力资本存量的不同是导致收益分配不平等的重要原因。在国内，我国学者蔡昉、王德文等利用回归计算，对物质资本、劳动力、人力资本和技术进步等在1982～1997年对中国经济增长贡献进行了实证研究，研究结果为：1982～1997年，中国经济增长主要源泉的贡献分别为，物质资本（29.02%）、劳动力（23.71%）、人力资本（23.70%）、劳动力配置（20.23%）和技术进步部分为（3.34%）。可见，人力资本确实对利润做出了重要贡献，从这个角度出发，人力资本参与利润分配具有较充足的理由。另外，方竹兰等学者从企业产权与风险角度进行了论证。张维迎（1996）认为只有物质资本的所有者才应该享有剩余索取权，劳动者只能拿工资。方竹兰（2002）针对张维迎的非人力资本所有者拥有企业所有权逻辑的主要论据（非人力资本所有者是企业风险真正承担者的命题）提出质疑。她认为，由于非人力资本社会表现形式的多样化趋势（实物型非人力资本形式——货币型非人力资本形式——信用型非人力资本形式）和证券化趋势（实物型直接投资为主——证券型间接投资为主），使得非人力资本所有者与企业的关系逐步弱化和间接化，而日益成为企业风险的逃避者。而因人力资本的专用性和团队化趋势，使得人力资本所有者与企业的关系逐步强化和直接化，从而日益成为企业风险的真正承担者。而杨瑞龙、周业安认为人力资本具有一定程度的可抵押性，其根本原因是人力资本与其所有者一定程度的可分离性，或人力资本产权行使的受限制性。李宝元（2001）

在《人力资本产权安排与国有企业制度改革》一文中探讨了国有企业人力资本产权制度安排的根本问题，指出人力资本产权在企业所有权安排中具有一种特殊决定性的地位和作用，国有企业人力资本产权制度安排的根本问题在于无视人力资本产权自主或决定属性，从而引发人力资本运营危机。文宗瑜（2001）探讨了人力资本产权的定价及其交易，指出货币资本与人力资本的结合形成了公司的法人财产，并实现了货币资本的保值增值，产权清晰到自然人，不仅是要通过资产出售或转让的方式把实物资产产权清晰到拥有货币资本的自然人，而且还要通过依法量化人力资本，把人力资本产权清晰到拥有人力资本的自然人。赵雯（2002）研究了人力资本及其确认，并按"人力资本的价值取决于它所创造的超额利润（经济增加值）"的原则，探讨了人力资本的价值与价值计量问题。盖晓敏（2003）在《人力资本产权特征及其股权化实现》一文中指出，人力资本的产权特征决定了对人力资本进行激励的重要性。要实现人力资本产权，一方面要保障人力资本所有者拥有人力资本所有权和自由支配转让权，另一方面要使人力资本参与分享企业剩余。借鉴国外的雇员持股计划，人力资本持股是实现人力资本剩余分享，从而实现人力资本产权的可行方法，这实际上是企业人力资本股本化思路的另类表达。陈育琴（2003）在《人力资本股份化：现实中激励约束机制的次优选择》一文中指出，现有的股票期权制度虽然对激励约束经理人行为有一定的作用，但它也不是完全承认了人力资本，所以仍存在一定的缺陷性，需要对其进一步改革创新，使其真正成为承认人力资本产权、人力资本股份化的一种方式，承认经理人的人力资本产权、人力资本股份化势在必行。另外，还有诸多其他学者，如盛乐（2005）、姚先国（2006）等也从利润贡献和产权等角度对人力资本参与企业剩余分配进行了深入探讨。

第三，人力资本投资与收入分配。Theodore W. Schultz（1961）从人力资本投资角度探讨了人力资本的计量，并提出了以投资额多少作为人力资本量的经典计量模型。Rosen（1977）从家庭背景、财务状况等方面入手，研究人力资本投资对收益分配情况的影响。Griliches（1977）的研究也证实了家庭背景、财务状况等因素对人力资本投资会产生较大的影响。另外，Williamson（1985）从人力资本的专用性角度研究了人力资本参与分配的问题。Yiming Qian（2003）阐述了激励措施应该针对个体，不同的人力资本类型应该采用不同的激励措施。Bo Hansson（2004）研究表明人力资本投资者很难预测未来的投资收益，那么对人力资本的量化就很难进行，没有一个固定的标准，因此在市场里给予人力资本投资者一个平均的回报是不公平的，这样就有可能产生对人力资本配置的不合理现象。Volker Grossmann（2004）用美国的经验数据证明了人力资本收益的变化是经济发展的动力，而人力资本收益的变化主要来源于人力资本投资的积累。

第四，人力资本参与企业剩余分配的条件和方式。冯子标等（2004）探讨了人力资本参与企业剩余分配的条件和方式。冯子标等研究认为，企业是人力资本与物质资本的合作契约，要素谈判力处于人力资本与物质资本博弈的核心地位。要素谈判力由要素的稀缺性、贡献、退出成本、承担风险能力和要素的禀赋决定。人力资本参与企业收益分配是人力资本谈判力提高的结果。根据影响人力资本谈判力的因素，人力资本参与企业收益分配的条件为社会发展阶段、法律条件、企业所在行业性质、企业类型、企业发展阶段和企业治理结构。冯子标等研究认为，人力资本参与企业收益分配有广义和狭义之分，广义的人力资本收益是指人力资本所有者被雇用后所获得的报酬。包括基本工资、奖金、一般的福利等工资性收益和利润分享计划、股权分配、股票期权等分享利润性收益。狭义的人力资本收益是指人力资本以资本形态获得企业收益。它特指分享利润收益。周艳辉（2008）指出人力资本的产权特性以及运营绩效的特殊性决定着人力资本的谈判力，这些因素也是人力资本参与企业剩余分配的主要依据。

第一类研究中，研究主要围绕五个主题展开：一是初次分配的原则；二是初次分配的具体内容与形式；三是初次分配中政府、资方和劳方的受益格局、格局效应及其成因；四是企业工资的决定机制；五是政府的责任及干预初次分配的方式与行为选择。针对这些主题，国内外学者进行了大量探讨并有不同的理论主张和解释。第二类研究中，国内外研究主要集中在四个角度或方向：一是从激励角度探讨了人力资本参与企业剩余分配的必要性（Harris and Raviv，1989；Milgorm and Robert，1992；周其仁，1996；李宝元，2001；陈育琴，2003）；二是从利润贡献和产权等角度探讨了人力资本参与企业剩余分配的理论依据（Jacob Mincer，1957、1974；Theodore W. Schultz，1961；Weitzman M. L.，1984；Robert·Lucas，1988；Becker，1997；文宗瑜，2001；方竹兰，2002；盖骁敏，2003；盛乐，2005；姚先国，2006）；三是 Theodore W. Schultz（1961）从人力资本投资角度探讨了人力资本的计量，并提出了以投资额多少作为人力资本量的经典计量模型。本书认为，由于个人禀赋和主观能动性的不同以及"干中学"也能形成人力资本（K. Arrow，1962）等原因，经典计量模型存在巨大局限性；四是冯子标等（2004）探讨了人力资本参与企业剩余分配的条件和方式。

综合来看，在智力资本研究领域，国内外大多数学者的研究重心集中在智力资本的分类、测量以及对企业绩效影响方面，而对智力资本参与企业剩余分配的细分领域还鲜有涉及。本书认为，在智力资本研究早期，研究智力资本的定义、分类及其效用等是非常必要的，但今后再重复上述研究显然存在很大局限性。而在初次分配研究领域，国内外文献主要集中在传统范式下展开研究，对于新型分配范式研究虽已引起高度关注，但大多仍停留在人力资本参与企业剩余分配的必要性及理论依据论证层面上，亟待深化、系统化。本书认为，传统范式研究本身并无过错，并且在农业经济和工业经济时期还是非常合理的。但随着传统经济形态向现代经济形态的已然转变，再继续传统范式研究势必会产生"时代性"研究缺陷，因为它忽视了最为根本的时代变化要求。知识经济时期，由于智力资本的沉淀成本不可忽略以及物质资本的沉淀成本的减少和转移，智力资本参与企业剩余分配的愿望日趋强烈，因此，当前深入研究和解决智力资本参与企业剩余分配的系列基础理论与基础制度安排问题无疑顺应了时代发展的要求，抓住了新经济时代初次分配问题的实质。

第二节　研究意义

我国劳动所得比重一直处于较低水平，并且从20世纪90年代中期以后呈逐步下降趋势。对此，林毅夫（2008）尖锐地指出，在国民收入分配中，资本所得不断上升，劳动所得不断下降，现在经济发展过程中出现的不少突出矛盾和问题都与此有关。

第一，不利于拉动我国内需、实现经济"又好又快"发展。投资、消费、外贸出口是改革开放以来拉动我国经济发展的"三驾马车"，但是，由于消费乏力，我国经济出现了投资过热和进出口贸易比例严重失衡等弊端，这种弊端在目前尚未结束的后金融危机时代显得尤为突出。由于中低收入者的边际消费倾向高于高收入者，但中低收入者的财产性收入较少，其最主要的收入来源是劳动报酬，我国扩大消费、拉动内需的潜力主要落在这些人身上。

第二，不利于我国有效缓解和解决日渐突出的劳资矛盾和"和谐社会"的建设，广大劳动者由于劳动者报酬占比低下而不能充分分享我国经济发展成果，其劳动积极性受到很大挫伤，进一步加剧了不断增多的劳资矛盾，给我国经济社会的"和谐"发展带来了很多消极影响。

第三，不利于我国贫富差距的缩小和社会公平正义的彰显。保障广大劳动者的劳动报酬与我国经济发展水平同步增长，实现"共同富裕"是社会公平与正义的基本要求，如果我国经济的发展是以长期牺牲广大劳动者利益为代价，则势必导致两极分化而无法体现中国特色社会主义社会的公平正义，也无法体现我党"立党为公"、"执政为民"的执政理念。

第四，不利于劳动者素质的提高和经济发展方式的转变。劳动报酬在初次分配中的比重太低会使劳动者丧失许多技术培训和再教育的机会，进而导致劳动者素质的降低，最终对企业的经营、对经济社会的科学发展造成长期的难以弥补的负面效应。

在当前着力扩大内需的后危机时代，提高劳动所得比重更凸显出现实必要性。新型范式立足于国际视野，探求我国提高劳动所得比重的真正源头所在，从"源头"上长效增加劳动所得，加大国民收入分配调整力度，从而调动劳动者积极性以及促进我国经济发展方式转变；可理顺企业劳资分配关系，从而减少劳资矛盾，促进"和谐企业"建设。

本书以新型范式视角下的企业劳资分配关系问题作为主要研究内容，研究成果主要体现在四个方面：第一，从时代变迁的动态视角论证了智力资本参与企业剩余分配的新型劳资分配机理，具体包括经济形态与资本形态的演进关系、部分与全部智力资本参与企业剩余分配变革的条件、智力资本参与企业剩余分配变革的动力、帕累托改进空间及改进路径等。之前虽有众多学者从利润贡献、激励角度和产权角度进行了论证，但本书认为，这些论证并没有抓住问题的实质，因为它无法解释利润贡献等因素在传统经济时代一直客观存在的情况下，传统范式仍被长期奉为经典的事实。本书认为，只有从经济形态与资本形态的演进关系角度来系统论证其理论依据才能抓住问题本质，因为新经济形态不但派生了人力资本这一新资本形态，而且还使其分享企业剩余的愿望日趋强烈。第二，较为系统深入地探讨了智力资本参与企业剩余分配的机制，率先从技术和制度上突破现有劳资分配研究的局限，分别从智力资本参与企业剩余分配的智力资本量化与产权分割，以及人力资本、组织资本和关系资本参与企业剩余分配的机制（具体包括各自分配的原则、内容、顺序与形式等）。第三，从实证角度进行了智力资本参与企业剩余分配变革的收入效应分析，具体包括人力资本、组织资本和关系资本参与企业剩余分配变革的收入效应等。第四，研究了智力资本参与企业剩余分配的新型分配范式得以建立的系列制度安排保障，具体包括智力资本的股权流转及责任承担等。现有文献虽对智力资本量化问题进行了大量研究，但均不能同时做到将智力资本的整体价值测量与局部价值测量有机结合起来，本书创新性地引入"实物期权"理念对智力资本进行集合计量，然后在此基础上对其产权归宿进行分割制度安排；而对于智力资本的股权流转及责任承担，本书充分考虑智力资本自身特点以及理论与现实因素，创造性设计智力资本的股权流转及责任承担的系列制度安排。

本书研究成果在理论上将推进企业理论和分配理论的完善和发展，在实践中将为我国企业顺应时代发展要求，实施新型范式变革及通过该变革理顺劳资分配关系、实现企业持续、健康、快速发展提供一般理论支持平台。

第三节　理论基础

一、"DIM"产业组织分析范式理论

随着现代产业分工的精细化和企业间关系的网络化发展，产品之间的竞争已经由单个企业与单个企业之间的竞争转变为企业簇群与企业簇群的竞争。本书以基于产品价值网络的新型"DIM"产业组织分析范式为理论基础。

"DIM"产业组织分析范式由以李海舰等（2007）为主要代表的众多学者在整合、修正传统"SCP"分析框架的基础上构建。"DIM"框架思想主

要是在产品内分工的基础上，通过价值网络中虚拟资源的整合以实现产品价值的创造。产业价值网络组织具体包括规则设计商（Designer）、系统集成商（Integrator）和模块制造商（Module - maker）三类企业或战略联盟形态。规则设计商是价值网络化产业系统的规则或标准设计者，具体为整个模块体系提供一个旨在既保证模块间的独立性又保证功能一体化的框架性规则（兼容性标准），通常也是该框架性规则或标准的拥有者。系统集成商是价值网络化产业某个特定模块化最终产品生产系统的整合者，负责特定模块化系统的分解与整合。模块制造商是产业价值网络的基础单元，拥有非核心技术知识与生产要素，负责生产具体的模块，包括专用模块制造商和通用模块制造商两类。专用模块为某个系统集成商所特有，无法与其他系统集成商的界面标准相匹配；通用模块可与多个相似的界面标准对接，实现跨网络匹配。

二、委托—代理理论

委托代理理论是西方主流经济学理论，该理论认为，某一组织或个人（委托人）委托另一组织或个人（代理人）代表其行使某项工作或者职权时，委托人与代理人之间构成委托—代理关系，委托—代理关系实际上表现为一种契约。

该理论是伴随着企业所有权和经营权的分离逐步发展起来的。在传统的古典企业中，公司的所有权和控制权是合一的，出资者自己直接支配、管理和监督自己的资产，同时直接承担剩余风险，也就不存在委托代理问题。随着资本的集中和技术的进步，企业的规模获得了巨大的发展，公司业务日趋复杂，股东也随之增加并日趋分散，股东直接参与管理的可能性日益缩小。于是，公司中逐渐出现了所有权与经营权分离的倾向，委托—代理问题也就产生了。伯利（Berle）和米恩斯（Means）指出，到 20 世纪 20 年代末，经营者控制股份企业的财产经营已经成为一个普遍能观察到的事实，股份公司的发展已经实现了"所有与控制的分离"。现代公司的发展使它们从"所有者控制"变为"经营者控制"[①]。

委托—代理理论由威尔森（Wilson）、斯宾塞和泽克海森（Spence、

---

① 伯利，米恩斯 . 现代公司和私有产权（中译本）［M］. 台北：台湾银行出版社，1981：125.

Zeckhavser)、罗斯（Ross）、莫里斯（Mirrlees）、霍姆斯特姆（Holmstrom）、格罗斯曼和哈特（Grossman and Hart）等人创立。在委托—代理理论的发展中，詹森（Jensen）和梅克林（Meckling）发表的《企业理论：经理行为、代理成本和所有权结构》是委托—代理理论中的重要专著，阿尔钦（Alchian）和德姆塞茨（Demsetz）又发展了这一理论，可以说，这一理论在国外已逐步成熟。委托—代理理论基本内容是通过委托人和代理人共同认可的契约（聘用合同）来确定他们各自的权利和责任，但实际上由于"经济人理性"的客观存在，委托人和代理人在决策和行为时首先考虑的往往是自己的利益最大化，加上由于委托人与代理人之间的信息不对称，其后果主要有两种：一是逆向选择，即在交易前，信息居于劣势的交易方不能正确选择高质量的交易对方，发生类似"劣者驱逐良者"的现象；二是道德风险，即在交易发生后，有信息优势的代理人可能利用信息不对称而故意采取有利于自己而损害委托人利益的行为。后者一般是委托—代理理论所研究的内容，又称为"代理风险"。所以，委托—代理的核心问题是如何保证代理人的行为与委托人的利益最大限度的一致，最大限度地实现代理人与委托人两者之间的相容。亚当·斯密曾这样论述："在钱财的处理上，股份公司的董事为他人尽力，而私人合伙的伙员，则纯粹是为自己打算。所以，要想让股份公司的董事监视钱财的用途，像私人合伙公司成员那样用意周到，那是很难做到的……"这位经济学的鼻祖所说的就是代理人与委托人两者之间的相容问题。

委托—代理理论在国外逐步成熟，已成为分析契约关系的有力工具，本书在分析我国上市公司治理结构层次时将以此作为重要的分析工具。

三、不完全契约理论

不完全契约是相对于完全契约而言的。所谓完全契约是最大可能地明确规定未来所有状态下契约签订双方的责任与权利，而且双方将来都不需要再对契约进行修正或重新协商。而不完全契约是指契约中包含缺陷和遗漏，可能只提及某些情况下各方的责任，而对另一些情况下各方的责任只做出粗略的或模棱两可的规定。

契约不完全产生的根本原因有三个：第一个原因是契约双方的有限理性。受信息传递、认知能力、计算能力和人心理因素等条件的限制，契约双方在复杂多变的不确定市场环境中，其行为理性是有限的，很难对长期内可能发生的各种情况都做出预测，即使人们能够预测到或然事件，也很难找到一种语言在契约里加以清晰地描述或进行全面的计划安排，所以签订契约时条款的遗漏将不可避免。第二个原因是第三者无法验证。契约规定的项目中，有一些内容是第三者无法验证的，即这些内容虽然对于契约双方都是清楚并明确规定的，但其他局外人则是无法体验和观察到的，所以在契约出现纠纷时，第三者（如法院）即使能够观察到双方的状况也很难对双方的实际状况加以证实，很难确定哪一方违约并按规定执行处罚等，造成了契约的不完全。第三个原因是信用制度的不完善。由于制度缺陷导致契约双方的行为难以受到约束，在某一方违约时不承担相应的违约责任，造成契约的不完全。上述第一、第二两个原因导致的契约不完全是一般情况下普遍存在的，而信用制度不完善形成的契约不完全是一个比较特殊的情况，大多发生在经济发展中国家或经济转型国家。存在于市场信用过程中的契约不完全，一方面大大提高了发生契约纠纷的可能性和重新谈判（或缔约）的事后成本；另一方面，契约双方无法通过对契约的最优设计，形成有效的监督与约束机制以规范行为主体的信用行为，导致契约行为主体严重的逆向选择和道德风险行为。

对不完全契约理论做出重要贡献的学者有哈特、格罗斯曼、威廉姆森、克雷普斯等著名经济学家，他们分别从不同的角度论证了契约的不完全及其相机治理。经过这些经济学家们的仔细建模与严密论证，到今天不完全契约理论已成体系，不完全契约也成为人们解释经济现象的有力分析工具。本书在分析我国上市公司治理风险的根源时将以之作为重要的理论基础。

第四节 体系结构与研究内容

本书共分为九章，其体系结构以及各章的主要研究内容为：

第一章是导论，阐述本书的研究背景、研究意义、研究内容和研究方法。

第二章是智力资本入股视角的新型劳资分配机理研究。本章从新的视角论证了智力资本参与企业剩余分配的新型劳资分配机理，具体包括经济形态与资本形态的演进关系、部分与全部智力资本参与企业剩余分配变革的条件、智力资本参与企业剩余分配变革的动力、帕累托改进空间及改进路径等。

第三章为智力资本入股视角的新型劳资分配机制研究。本章具体研究了智力资本分享企业剩余的量化与产权分割，以及三类智力资本（人力资本、组织资本和关系资本）参与企业剩余分配的具体机制。对于前者，现有文献虽对智力资本量化问题进行了大量研究，但均不能同时做到将智力资本的整体价值测量与局部价值测量有机结合起来，本章创新性地引入"实物期权"理念对智力资本进行集合计量，在此基础上对其产权归宿进行分割制度安排；对于后者，本章具体研究了三类智力资本在企业劳资分配中的身份、地位、收入模式、分配依据、分配顺序等。

第四章为智力资本入股的财富动力行业差异性研究。本章原本运用大规模实证拟分别从人力资本、组织资本和关系资本入股来系统深入分析智力资本入股的财富动力（劳资分配效应）行业（含资本密集型行业、劳动密集型行业和智力密集型行业）差异性，但在实际研究中发现，组织资本和关系资本通过入股参与企业剩余分配在目前尚处于探索发展阶段，缺乏大容量的公开数据支持。鉴于此，本章最后将智力资本入股的财富动力行业差异性研究集中在股权激励形态领域。首先，本章进行了股权激励财富动力的行业差异性机理分析；其次，在构建股权激励财富动力模型的基础上进行了理论求解；最后，实证了我国上市公司股权激励制度的财富动力行业差异性。

第五章为智力资本入股的劳资分配效应案例研究。本章选择有代表性的个例，通过解剖麻雀，分析了智力资本参与企业剩余分配变革的收入效应，具体包括人力资本、组织资本和关系资本参与企业剩余分配变革的收入效应等。

第六章为智力资本入股的资本流转及责任承担研究。本章在充分考虑智力资本自身特点以及理论与现实因素的基础上，研究了智力资本通过入股参与企业剩余分配的新型分配范式得以建立的智力资本流转及责任承担制度安排保障，对其制度安排进行了创造性设计和重构。

第七章为智力资本入股的治理制度重构及其风险防范研究。本章在充分考虑智力资本自身特点以及理论与现实因素的基础上，研究了保障物质资本所有者和智力资本所有者享有平等的剩余索取权，实现包括智力资本与物质资本股东在内的所有者权益最大化的治理结构重构及其风险防范问题。

第八章为智力资本入股的会计制度安排研究。本章首先从分析会计职能本质入手构建了会计制度体系的整体分析框架；在此基础上重构了智力资本入股视角的企业会计制度体系，具体包括智力资本入股视角的会计确认记录制度安排、会计核算制度安排和会计专著制度安排等。

第九章为主要结论、研究创新和未竟领域。本章是全书的总结，拟总结全书研究的主要结论，提炼主要创新点，指出今后深入研究的努力方向。

第五节　研究方法

本书的研究方法主要有：①调查分析。实地调查有关企业，掌握智力资本参与企业剩余分配的第一手资料。②比较分析。比较智力资本参与企业剩余分配不同类型企业劳资分配权威或主导分配范式，以及不同分配范式下三类智力资本在企业劳资分配中的身份、地位、收入模式、分配依据、分配顺序以及分配治理等体系的异同。

第二章　智力资本入股视角的新型劳资分配机理研究

本章首先简要梳理了众多学者关于智力资本参与企业剩余分配的已有机理论证，文章分析指出，之前虽有众多学者从利润贡献、激励角度、产权角度和企业风险承担角度行了论证，但这些论证并没有抓住问题的实质，因为它无法解释利润贡献等因素在传统经济时代一直客观存在的情况下，传统范式仍被长期奉为经典的事实。随后，本章从新的视角论证了智力资本参与企业剩余分配的新型劳资分配机理，具体包括经济形态与资本形态的演进关系、部分与全部智力资本参与企业剩余分配变革的条件、智力资本参与企业剩余分配变革的动力、帕累托改进空间及改进路径等。

第一节　智力资本参与企业剩余分配的已有论证回顾

在智力资本参与企业剩余分配的机理研究领域，众多学者主要论证了人力资本参与企业剩余分配的理论依据，论证角度如下：一是从激励角度探讨了人力资本参与企业剩余分配的必要性（Harris and Raviv，1989；Milgorm and Robert，1992；周其仁，1996；李宝元，2001；陈育琴，2003）。二是从利润贡献和产权等角度探讨了人力资本参与企业剩余分配的理论依据（Jacob Mincer，1957、1974；Theodore W. Schultz，1961；Weitzman M. L.，1984；Robert·Lucas，1988；Becker，1997；文宗瑜，2001；盖骁敏，2003；盛乐，2005；姚先国，2006）。三是从企业风险承担角度探讨了人力资本参与企业剩余分配的可能性（杨瑞龙、周业安，1997；方竹兰，2002）。

由此不难看出，关于智力资本参与企业剩余分配的机理研究，已有研究大都集中在人力资本方面，但人力资本毕竟不能与智力资本画等号，两者之间存在非常明显的差异。已有研究并没有涉及关系资本和组织资本参与企业剩余分配的理论依据。而且，即使是关于人力资本参与企业剩余分配的理论依据论证也并没有抓住问题的实质，因为其无法解释利润贡献等因素在传统经济时代一直客观存在的情况下，物质资本主导并独享企业剩余的传统分配范式仍被长期奉为经典分配范式的事实。基于以上分析，本书认为，只有进一步从经济形态与资本形态的时代变迁演进关系角度来论证其理论依据才能抓住问题本质，因为新经济形态不但派生了智力资本这一新的资本形态，而且还使智力资本分享企业剩余的愿望日趋强烈。

第二节　基于经济形态演进视角的企业分配机理新探

一、新视角下的主流企业分配范式分析架构的构建

整体来看，经济形态历经了农业经济、工业经济以及知识经济三个时期。其中，知识经济又可细分为初级和高级两个阶段。经济形态是各个时期生产要素间整体博弈结果的一种反映，显然，企业内部分配范式同样也是具有不同谈判力的企业生产要素主体的最终博弈结果。

由于智力资本与物质资本存在"资本"共性，通过通盘考虑智力资本所有者可能遭受的三部分损失（沉没成本、折旧成本、机会成本）因素及三部分因素在不同环境条件下的发展变化情况可以得出不同经济形态下企业内部各要素主体谈判力和分配范式的一般性规律。

设 c^{ck}、c^{ik} 分别代表物质资本所有者和智力资本所有者损失，$r^{cd}(x)$、$r^{id}(x)$ 分别为物质资本和智力资本的折旧率函数，$c^{csk}(x)$、$c^{isk}(x)$ 分别为物质资本和智力资本沉没分布函数，$k^c(x)$、$k^i(x)$ 分别为物质资本和智力资本的投资分布函数，T 为企业存续时长，则有：

$$c^{ck} = \int_0^t c^{csk}(x)dx + \int_0^t [k^c(x) - c^{csk}(x)]r^{cd}(x)dx + \int_0^t k^c(x)r^c(x)dx(0 < t < T) \tag{2-1}$$

$$c^{ik} = \int_0^t c^{isk}(x)dx + \int_0^t [k^i(x) - c^{isk}(x)]r^{id}(x)dx + \int_0^t k^i(x)r^i(x)dx(0 < t < T) \tag{2-2}$$

式（2-1）和式（2-2）右边的第一、第二和第三项分别构成物质资本所有者和智力资本所有者的沉没成本、折旧损失和机会成本。不管是物质资本所有者还是智力资本所有者，其手中的三部分损失及承担损失风险的能力成为取得企业分配权威的根本性条件。当事人将按照各自意愿权衡自身的得失，通过博弈谈判达成某种一致合约（赵农，2004），表现为：一部分要素提供者承担企业经营结果的不确定性，向其他要素提供者支付较为稳定的回报，但要求其他要素提供者接受他们在企业内的分配权威。由此可建立起企业内部分配权威或主导分配范式的一般分析架构。

二、农业经济时期的主流企业分配范式分析

农业经济时期虽没有出现现代意义上的企业，但考虑到现代企业本质上是一系列契约的集合体，本书仍将地主租赁土地给农民收取租金的生产契约组织形式视为一种农业经济形态下的主流企业形态。在该企业形态中，地主是物质资本所有者，拥有关键性生产资料——土地，而作为劳动者的农民，其所具有的只是耕作劳动的能力，这种能力事实上只是最为简单的劳动力，并不等同于智力资本中的现代人力资本概念，将其看作普通人力资本的雏形是比较合适的，另外，由于该形态企业生产简单原始，智力资本的组织资本、关系资本等表现形式也不曾出现。

1. 沉没成本的比较分析

沉没成本是指一旦进行投资就无法通过变卖、转移或转移用途的方式得到补偿或挽回的那部分损失，专用性越强的资产，其沉没成本也越高。农业经济形态下参与分配的智力资本主要体现为一种极为普通的体力劳动，其沉没成本是完全可忽略不计或抽象掉的。而土地的专用在农业经济时期是非常强的，一经投入就将形成较多的沉没成本。无疑，农业经济形态下的物质资本沉没成本要远远大于智力资本。

2. 折旧损失及机会成本的比较分析

农业经济时期，形成耕作劳动能力的初始投入与后续人力资本投入是比较少的，农民可能承担的折旧损失也较少。同时农民从事非耕作劳动的机会收入也非常有限，因此，其机会成本也不高。而作为农业经济关键性生产资料的土地，要拥有其所有权就必须进行较大的投资，并且为防止土地购入后的贫瘠化还需要其所有者不断进行后续投入，这就使地主承担了更大的折旧成本。并且由于物质资本的价值在农业经济时期是巨大的，物质资本所有者的机会成本也会远大于一般耕作劳动者。因此，农业经济形态下物质资本的折旧损失和机会成本都会大于智力资本。

显然，农业经济时期主流企业形态中的物质资本由于可能承担的三部分损失要远远大于智力资本，那么物质资本在劳资分配规则制定的博弈谈判中必然处于强势地位，主导着劳资分配范式。也由于该时代物质资本拥有强大的话语权致使地租经常高于正常土地使用价值，这就造成农民耕作劳动生产的绝大部分劳动收益为地主所有的同时，还需要承担因外部环境因素造成的生产经营不确定性风险。因此，农业经济形态时代的主流企业分配范式是一种比较极端的物质资本主导的"租佃制"分配范式。

三、工业经济时期的主流企业分配范式分析

在工业经济时期，生产力水平的大幅提高和社会分工的细化，使得土地丧失了其最主要生产要素的地位，取而代之的是由资金、机器、工人等组成的新主要生产要素结构。同时，由于社会分工的细化，生产劳作内容的复杂性远远高于农业经济时期，那么作为企业劳方的雇员除了具有简单的劳动力以外，还必须拥有一定的通用性生产技能（纺织、锻造等）才能满足企业的要求，甚至在一些关键性岗位（基础管理、简单机械操作等）所需要的知识技能是专用性的。因此这一时期的工业生产中智力资本主要由一般人力资本和专业型人力资本两部分组成，其中以一般人力资本为主。

1. 沉没成本的比较分析

与农业经济时期不同的是工业经济时期的到来使得一般人力资本以及专业性人力资本成为生产活动中必需的生产要素，而这些生产要素相较于农业经济时期明显更加高级。但是除专业型人力资本的知识专用性较强，存在较大的人力资产沉淀外，一般人力资本因通用性较强，仍然只有较低

水平的沉没成本。工业经济时期，由于企业追求的是大规模生产，智力资本构成仍然以一般人力资本为主，故整体看来，总的智力资本沉没成本仍然较低。而物质资本所有者需要投入大量的专用性固定资产和生产要素，物质资本形成的沉没成本必然较大。因此，该时期的物质资本沉没成本总体上仍然大于人力资本。

2. 折旧损失及机会成本的比较分析

专业型人力资本所有者在初始阶段就需要获取相关知识和技能去操作机器或实施管理，并且由于技术革新和公司发展的变化，这些知识技能的更新使得专业型人力资本所有者在后续的投入方面也会高于一般人力资本，并且会存在更高的机会成本。但由于专业型人力资本在智力资本中占比很低，因此，工业经济时期智力资本总体的折旧损失和机会成本仍处于较低水平。在企业的生产经营过程中，物质资本所有者（企业业主）为了形成规模经济，就必须在初始和后续阶段都投入较为巨大的物质资本。从而，工业经济时期物质资本的机会和折旧成本总体上要远大于智力资本。

显然，在工业经济时期，由于物质资本所有者可能遭受的三部分损失总体上远远大于智力资本所有者，那么物质资本所有者愿意承担企业经营生产的不确定性的意愿会远远强于智力资本所有者，就必然会出价购买智力资本所有者的劳资分配谈判力，视人力资本的不同给予其相应的固定薪酬工资（一般来说，专业型人力资本所有者工资要高于一般人力资本所有者工资），工业经济时期的企业内部分配范式仍然是一种物质资本主导的范式，需要指出的是，此时的物质资本所有者与智力资本所有者的分配关系是与农业经济时期不同的"资本雇佣劳动"形式，物质资本所有者在享有更多收益的同时也需要承担更大的风险。

四、知识经济初级阶段的主流企业分配分析

随着知识经济时代的到来，为了满足生产力不断增长的要求，企业不得不持续优化组织结构以降低运营成本，培养企业文化以提升组织凝聚力。同时，在面对愈发激烈的市场竞争时，企业必须投入大量的资源开发和维护有利于企业的外部关系网，以保证企业在市场中的核心竞争力。因此，在知识经济初级阶段，对于企业经营生产具有显著贡献的智力资本组成从之前单纯的人力资本扩展到组织资本和关系资本的范畴，已经形成较为完

整的智力资本构成。

1. 沉没成本的比较分析

在这一时期的企业中，专业型人力资本在人力资本中的占比大幅提升，而专业型人力资本是其所有者所具有的针对特定行业的某一项技能或专业知识的能力，那么一旦专业型人力资本所有者离开这一领域，就很可能造成这部分专业型人力资本的价值下降甚至没有价值。由此可知，初级知识经济形态下的人力资本总体沉没成本相对之前已经大幅增加。此外，随着知识经济时代的到来，主流企业形态的组织架构、制度文化、职务性知识产权以及与外部相关利益者的关系网都演进得较为成熟，对于企业经营生产的贡献凸显了出来。而这些组织资本和关系资本与企业生产经营的内容是完全贴合的，因此其专用性很强，一旦转作其他企业或行业所用，其就会遭到极大的贬值。由此可见，这部分智力资本（人力资本、归属于企业劳资共有的组织资本和关系资本）的沉没成本也是相当大的。对于物质资本而言，由于其资产的专用性依然很强，即使可以通过柔性生产、敏捷制造与虚拟组织等方式一定程度上减少和转移沉没成本，但最终产生的沉没成本依然很大。

2. 折旧损失及机会成本的比较分析

初级知识经济形态下的一般人力资本的折旧和机会成本与之前一样，依然是比较低的，而具有较高折旧损失和机会成本的专业型人力资本由于在人力资本中的占比显著提升，使得这一时期人力资本的折旧损失和机会成本总体上有了大幅增长。随着短缺经济向过剩经济的转变，企业为了在越来越激烈的市场竞争中赢得利益，一方面需要不断改进本身的组织架构和制度文化以降低运营成本和提升团队效用水平；另一方面则要投入大量资源维护现有关系网并开发新的相关关系网，以求在市场中占有一席之地，加之这两部分智力资本的专用性很强，那么企业的组织资本和关系资本的折旧损失和机会成本必然水涨船高。虽然因经济效用边际递减规律的制约，经过工业经济时期发展的企业，其物质资本所带来的利润率呈下滑趋势，但由于物质资本的折旧损失和机会成本的基数较大，因此在初级知识经济形态下的物质资本的折旧和机会成本总体上仍处于较高水平。

显然，在知识经济初级阶段主流企业形态中，无论是物质资本还是智力资本的所有者可能遭受的三部分损失的总量都是很大的，又由于两者损失总量在相互比较的结果上是趋近动态均衡的，无法就哪一方在劳资博弈谈判中拥有更高的谈判力简单得出定论。同时，此阶段的智力资本中的组织资本（主要是职务性知识产权、组织结构和制度文化）和关系资本（主要是后续关系资本）所有者涵盖了传统的劳资双方，那么从一定程度上来说智力资本所有者的融资能力是有了显著提高的，自然就不必再担心财富约束了。因此，此时的主流企业形态中物质资本与智力资本在谈判力动态均衡的情况下，形成智力资本与物质资本共同主导的企业内部分配范式。

五、知识经济高级阶段的主流企业分配范式分析

知识经济高级阶段的经济是真正建立在知识和信息的生产、分配和使用之上的经济。随着知识经济的快速发展，科学技术的研究与开发以及信息传播（教育、培训）逐渐成为经济发展的核心，知识和信息成为整个社会经济发展的基础和主要动力。此时主流企业形态是以智力资本为主要资本组成的知识型企业，企业的核心竞争力集中在企业所拥有的人才、组织运营架构、管理信息系统以及与外部利益相关者的关系等一系列的软实力上。从智力资本的组成来看，人力资本是知识的载体；组织资本是知识转化和内部信息传递的媒介；关系资本则是企业内外部信息交流的基础。那么主流企业形态中的智力资本结构组成就达到了最为完整的模式，即以完整的人力资本（一般人力资本和专业型人力资本）、组织资本（组织结构、知识产权、基础资产）、关系资本（初始和后续关系资本）三部分参与到企业经营生产活动中，并凸显出巨大的生产力。

1. 沉没成本的比较分析

高级知识经济形态下，企业中人力资本开始以专业型人力资本为主，智力型劳动成为劳动形态的主要形式，劳动者知识构成中，专业型知识占据绝对比重，其人力资本的初始投资和后续投资都是极大的，并且专用性很强。此外，随着社会分工的不可逆性，市场分工进一步细化，各个企业积累和发展的组织资本和关系资本必然是与其所在行业市场具有较高匹配度的。其中，组织资本中的组织结构是企业组织的骨架，良好有效的组织结构必然是极具行业以及企业自身特点的；知识产权（按照产生途径可分为职务类和非职务类）则是企业团队在生产运营过程中所必须运用的智力资本，自然而然就很难脱离企业独具特色的生产运营流程以及业务范围；企业管理模式主要以信息化管理为主，那么企业的基础资产（信息系统、

数据库以及信息流程）则是其实施生产管理的基础。同时由于新时期的信息大爆炸，企业的基础资产不可能涵盖到各个行业，那么基于资源配置最优的原则，企业选择拥有的基础资产就必须是于企业业务最为相关的部分，这种高度的相关性也必然导致基础资产的高度专用性。同样地，企业选择维护和开发的后续关系资本，以及能够为企业带来效益的初始关系资本都是与企业业务内容高度相关的。这种极高的专用性特点导致主流企业形态中的组织资本和关系资本几乎无法转移或退出企业。但在同一时期，由于生产资料市场、债券市场、股票市场等非智力资本市场体系趋于完善，不断弱化和分隔物质资本所有者与企业之间的关系，使得物质资本所有者能很方便地逃离企业，逃避风险。所以在后期知识经济形态下，智力资本所遭受的沉没成本总体上要远大于物质资本。

2. 折旧损失及机会成本的比较分析

由于高级知识经济形态下人力资本所有者的专业型知识所占比重较大，其知识价值较大，就必然使得人力资本的初始投资很大。而主流企业形态的整体经营模式也由之前的粗放式向越来越精细科学的方向发展，企业在初始阶段就需要投入大量资源构建适合企业发展的企业组织资本和后续关系资本，并且雇用大批拥有相关专业型人力资本、非职务性知识产权以及初始关系资本的员工，那么对于主流企业形态来说，其组织资本和关系资本的初始投资门槛也水涨船高。同时由于经济发展速度加快，整个市场中的竞争由原先的物质资本竞争逐渐转向智力资本的竞争。为了保持自身的竞争力，智力资本所有者就需要不断地花费金钱、时间和精力去探索和更新各方面的智力资本，包括组织结构、知识产权、基础资产以及后续关系资本，有时候还会面临没来得及把这部分成本补偿回来，又不得不进行下一步更新投资的局面。这一时期的主流企业形态的核心竞争力取决于"软实力"而非"硬实力"，这就使得作为"硬实力"的物质资本的折旧损失相对于智力资本来说显著下降了。最后，在高级知识经济形态下，社会经济发展繁荣，金融产业的快速发展，使得之前显得稀缺的物质资本因为有了多种获得渠道而不再稀缺，甚至过剩起来，从而造成物质资本投资收益率下降，那么物质资本的机会成本也就必然会减少。

显然，高级知识经济形态下的主流企业形态中的物质资本和智力资本可能遭受到三部分损失之和的对比关系发生了质的变化。其中智力资本所有者的损失总体上已经大于物质资本所有者。那么在这种条件下，由于智力资本在企业经营中具有无法替代的关键性作用、智力资本非常稀缺、物质资本由稀缺逐渐变为过剩，智力资本在企业劳资分配博弈中就拥有了极强的谈判力。同时，由于丰富的融资渠道，使得智力资本所有者可以较为容易地筹集到资金来突破购买物质资本所有者在博弈中话语权的财富约束。从而，此时主流企业形态的内部分配范式是一种智力资本主导的"智力雇佣物质"分配范式。当然，这样一种劳资分配范式主导权的颠覆性调整必然会打破传统的利益格局，但在智力资本起决定性作用的知识经济高级阶段，物质资本所有者被动甚至主动接受智力资本的主导是必然的趋势。

第三节　智力资本参与企业剩余分配的改革动力探究

一、智力资本参与企业剩余分配的改革动力条件分析

"时代潮流，浩浩荡荡，顺之者昌，逆之者亡"，从历史长河来看，顺应时代需求无疑是每一次变革的最强大动力。知识经济时代，由于智力资本的沉淀成本不可忽略及物质资本的沉淀成本的减少和转移，智力资本参与企业剩余分配的愿望日趋强烈。当前，通过智力资本入股参与企业剩余分配，将从"游戏规则"源头上提高劳动所得份额（肖曙光，2011），最根本地激发智力资本创造力，从而一方面扩大消费需求，消除绝对需求的不足；另一方面，提高有效供给创造性，缓解结构性供求矛盾，并最终促进我国经济向知识和创新驱动模式转型，加快经济发展方式转变。显然，智力资本入股顺应了时代发展要求，已具备强大的时代变革动力。但必须承认，智力资本入股同时也是一项复杂敏感的利益分配改革，必然涉及利益的冲突。因此，智力资本入股的顺利实施除具备时代动力外，还需具备持续可靠的财富动力保障条件。一般而言，物质资本和智力资本所分配收益取决于企业收入、企业成本、政府税收和具体企业契约制度等因素的大小和变化，也就是说，前者与后者存在函数关系，反过来，后者也同时构成前者的反函数。为分析方便，令 V 为企业的税后增加值函数，R 为企业收

入函数，F 为企业固定支出函数，T 为税收函数，则有：

$$V = R(m, i, s) - F(m, i, s) - T(m, i, s) \qquad (2-3)$$

式（2-3）中，m 代表物质资本收益，i 代表智力资本收益，s 代表智力资本入股制度安排。智力资本入股同时影响着物质资本和智力资本的收益，从而该制度安排构成物质资本和智力资本的复合函数，由企业的税后增加值对企业智力资本入股制度安排求偏导可以得到：

$$\frac{\partial V}{\partial s} = \left(\frac{\partial R}{\partial m} - \frac{\partial F}{\partial m} - \frac{\partial T}{\partial m}\right)\frac{\partial m}{\partial s} + \left(\frac{\partial R}{\partial i} - \frac{\partial F}{\partial i} - \frac{\partial T}{\partial i}\right)\frac{\partial i}{\partial s} + \left(\frac{\partial R}{\partial s} - \frac{\partial F}{\partial s} - \frac{\partial T}{\partial s}\right) \qquad (2-4)$$

式（2-4）中，智力资本入股的总财富动力可表述为 $\frac{\partial V}{\partial s} \geq 0$，代表智力资本入股对企业税后增加值产生了正向作用，数值越大，说明入股实施使得企业的税后增加值越多。从式（2-4）可以看出，总财富动力可分解为三部分：一是通过作用于物质资本 $\left(\frac{\partial R}{\partial m} - \frac{\partial F}{\partial m} - \frac{\partial T}{\partial m} > 0\right)$ 所形成的企业税后增加值 $\left(\frac{\partial R}{\partial m} - \frac{\partial F}{\partial m} - \frac{\partial T}{\partial m}\right)\frac{\partial m}{\partial s}$ 的变大；二是通过作用于智力资本 $\left(\frac{\partial R}{\partial i} - \frac{\partial F}{\partial i} - \frac{\partial T}{\partial i} > 0\right)$ 所形成的企业税后增加值 $\left(\frac{\partial R}{\partial i} - \frac{\partial F}{\partial i} - \frac{\partial T}{\partial i}\right)\frac{\partial i}{\partial s}$ 的变大；三是智力资本入股制度直接形成的企业税后增加值 $\left(\frac{\partial R}{\partial s} - \frac{\partial F}{\partial s} - \frac{\partial T}{\partial s}\right)$ 增加。另外当 $\frac{\partial T}{\partial s} \geq 0$ 时，代表智力资本入股实施使得政府税收增加，政府会采取有利的相应政策法规帮助企业推行智力资本入股的实施，形成政府推动力。

二、单维资方动力观下的求解分析

在单维资方动力观下，智力资本入股的目标就是物质资本股东财富的最大化。本书将式（2-3）对企业智力资本入股制度安排求偏导并变形后可得到：

$$\frac{\partial m}{\partial s} = \frac{\frac{\partial V}{\partial s} - \left(\frac{\partial R}{\partial i} - \frac{\partial F}{\partial i} - \frac{\partial T}{\partial i}\right)\frac{\partial i}{\partial s} - \left(\frac{\partial R}{\partial s} - \frac{\partial F}{\partial s} - \frac{\partial T}{\partial s}\right)}{\frac{\partial R}{\partial m} - \frac{\partial F}{\partial m} - \frac{\partial T}{\partial m}} \qquad (2-5)$$

从式（2-5）可以看出，物质资本股东财富的增长通过三种途径实现：

一是智力资本入股实施使得企业税后增加值整体增加$\left(\text{即}\dfrac{\partial V}{\partial s}>0\right)$；二是由智力资本股东所分享的因其积极性提高的部分企业税后增加值$\left(\dfrac{\partial R}{\partial i}-\dfrac{\partial F}{\partial i}-\dfrac{\partial T}{\partial i}\right)$ $\dfrac{\partial i}{\partial s}$尽可能少；三是由智力资本入股制度直接形成的企业税后增加值$\left(\dfrac{\partial R}{\partial s}-\dfrac{\partial F}{\partial s}-\dfrac{\partial T}{\partial s}\right)$尽可能向资方倾斜，减少扣除。当满足$\dfrac{\partial m}{\partial s}=0$时，实现物质资本股东财富的最大化目标。

三、单维劳方动力观下的求解分析

在单维劳方动力观下，智力资本入股的目标就是智力资本股东财富的最大化。同理，本书将式（2-3）对企业智力资本入股制度安排求偏导并变形后可得到：

$$\frac{\partial i}{\partial s}=\frac{\dfrac{\partial V}{\partial s}-\left(\dfrac{\partial R}{\partial m}-\dfrac{\partial F}{\partial m}-\dfrac{\partial T}{\partial m}\right)\dfrac{\partial m}{\partial s}-\left(\dfrac{\partial R}{\partial s}-\dfrac{\partial F}{\partial s}-\dfrac{\partial T}{\partial s}\right)}{\dfrac{\partial R}{\partial i}-\dfrac{\partial F}{\partial i}-\dfrac{\partial T}{\partial i}} \qquad (2-6)$$

从式（2-6）可以看出，智力资本股东财富的增长通过三种途径实现：一是智力资本入股实施使得企业税后增加值整体增加$\left(\text{即}\dfrac{\partial V}{\partial s}>0\right)$；二是由物质资本股东所分享的因其积极性提高的部分企业税后增加值$\left(\dfrac{\partial R}{\partial m}-\dfrac{\partial F}{\partial m}-\dfrac{\partial T}{\partial m}\right)\dfrac{\partial m}{\partial s}$尽可能少；三是由智力资本入股制度直接形成的企业税后增加值$\left(\dfrac{\partial R}{\partial s}-\dfrac{\partial F}{\partial s}-\dfrac{\partial T}{\partial s}\right)$尽可能向劳方倾斜，减少扣除。当满足$\dfrac{\partial i}{\partial s}=0$时，实现智力资本股东财富的最大化目标。

四、多维动力观下的求解分析

多维动力观下，智力资本入股改革动力目标协调的思路是基于以下几方面的认识：一是智力资本入股改革实施动力的有无和强弱主要取决于该项变革能否形成帕累托改进，这就要求本研究由过去仅关注政府或资方收益的单一求解转变为同时关注政府、资方和劳方三方收益的综合求解；二是在单维财富观下，各主体的收益分配最大化目标不可能同时满足，因而所形成的分配冲突是无法避免的。虽然智力资本入股改革可以通过做大"蛋糕"在一定程度上减弱冲突但不能从根本上取消冲突；三是各分配主体冲突的强弱具有阶段性。强弱变化的拐点在于 $\frac{\partial V}{\partial s}=0$ 所对应的 V^*，只要仍处于 $V<V^*$ 的阶段，继续提高企业增加值就仍然是促进各分配主体效用最大化的最重要手段，做大"蛋糕"仍然是第一要义，即处于各利益主体财富分配冲突弱化的阶段，而只有越过 V^* 点才会进入冲突不断强化的阶段。

因此，多维动力观下各利益主体参与企业增加值分配目标协调的结果就是：在企业生产活动中追求企业增加值最大化的同时，只要 $\frac{\partial m}{\partial s}>0$、$\frac{\partial i}{\partial s}>0$、$\frac{\partial T}{\partial s}>0$ 得到满足，所分享的企业增加值比重可能有所减少，但绝对值是增加的，就存在帕累托改进空间和改进动力，最终达到一个各利益主体都可接受的帕累托平衡点。

第四节　智力资本参与企业剩余分配变革的实施路径研究

一、智力资本参与企业剩余分配变革的宏观实施路径研究

对于企业而言，智力资本入股的出发点和落脚点在于实现"利润最大化"或取得"满意利润"。智力资本为企业带来的智力租金和竞争优势越大，稀缺性越强，则入股实施条件就越成熟。可见，智力资本入股的实施基础在于是否满足"智力资本在企业经营中起着不可替代的决定性作用、智力资本非常稀缺、物质资本不再稀缺甚至大量闲置等"三个条件。为此，本书选取企业所在区域、所在行业以及企业本身三个维度来分析智力资本

入股实施的基础条件及其路径选择。

1. 区域成熟度分析

由于区域发展的不平衡，智力资本入股实施的三个条件满足的程度必然存在很大差异。按照智力资本入股实施区域的基础条件成熟度的不同，本书将我国区域大致分为 A、B、C 三类，其中：①A 类区域为经济发达且人才、技术及客户资源等智力资本有相当基础的区域，如北京、上海、广州、深圳以及一些东部沿海地区；②B 类区域为经济较发达、智力资本拥有量较丰富的区域，如长沙、武汉、沈阳、西安、成都、重庆等；③其余区域则列入 C 类区域。整体来看，A 类区域在一定时期符合条件的程度相对 B、C 类区域来说要好一些。所以，智力资本入股将率先在某些 A 类区域得以实施，然后再往 B、C 类区域蔓延。目前，上海、江苏等地已允许部分智力资本入股，直接参与企业的投资、注册、经营。

2. 行业成熟度分析

按照有机构成的不同，行业可以划分为智力（知识）密集型、资金密集型和劳动密集型三类。在智力（知识）密集型行业中，智力资本在企业经营中的作用和稀缺性远高于物质资本，从而"智力资本在企业经营中起着不可替代的决定性作用、智力资本非常稀缺"这两个条件是非常吻合的，至于"物质资本不再稀缺"这个条件，在一定时期和范围内也是可以得到满足的，可见，在智力（知识）密集型行业实施智力资本入股的成熟度比较高。同理，不难分析出资金密集型和劳动密集型行业的实施成熟度依次递减。

3. 企业成熟度分析

智力资本是企业竞争优势的主要来源和企业效益的主要驱动力，无疑，企业智力资本含量的多寡及其关键程度代表了企业实施智力资本入股成熟度。整体而言，企业智力资本含量越高，在企业经营中的作用越关键，则智力资本所有者的话语权越大，也标志着企业实施智力资本入股越成熟。对于企业来说，选择全部智力资本入股还是部分智力资本入股主要决定于所在企业的智力资本整体含量及各类智力资本的关键程度。

根据以上分析，本书构建了智力资本入股实施路径空间图（见图 2-1）。

图 2-1 中，各坐标点位置代表着不同的含义，如 A_{33} 表示处于 A 类区域的智力（知识）密集型行业的实施智力资本入股成熟度非常高的企业。从宏观演进轨迹来看，有效率的企业智力资本的入股路径是从 A_{33} 点向 C_{11}

点展开梯度性发散蔓延,三个维度组合共可以产生 $C_3^1 C_3^1 C_3^1 = 27$ 条基础路径。对于企业来说,如何选取企业智力资本的入股路径首先在于企业在图 2－1 中找准自己的位置,再根据实际情况选择部分还是全部智力资本入股方式。

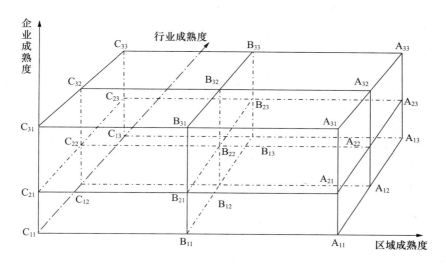

图 2－1　企业智力资本入股的实施空间图

二、智力资本入股实施的微观路径分析

智力资本入股实施的微观路径主要是分析不同类型企业内部,如何有效地选择智力资本入股实施对象与形式。按照李海舰等(2007)在整合、修正传统"SCP"分析框架的基础上所构建的"DIM"分析框架思想,企业可具体分为规则设计商(Designer)、系统集成商(Integrator)和模块制造商(Module－maker)三类。规则设计商是某个产业系统的规则或标准设计者,具体为整个模块体系提供一个旨在保证模块间独立性又保证功能一体化的框架性规则(兼容性标准),通常也是该框架性规则或标准的拥有者。系统集成商是某个特定模块化最终产品生产系统的整合者,负责特定模块化系统的分解与整合。模块制造商是具体产业价值网络的基础单元,拥有非核心技术知识与生产要素,负责生产具体的模块,包括专用模块制造商和通用模块制造商两类。专用模块为某个系统集成商所特有,无法与其他

系统集成商的界面标准相匹配；通用模块可与多个相似的界面标准对接，实现跨网络匹配。

1. 模块制造商的智力资本入股实施对象与形式选择

模块制造商是以实体为基础的"躯体"企业，负责生产具体的模块，从事的是产业加工制造环节。根据系统经济学的资源位理论（昝廷全，2005），资源可分为硬资源和软资源两大类，硬资源是指在一定的技术、经济和社会条件下能够被人类用来维持生态平衡、从事生产和社会活动并能形成产品和服务的有形物质。显然，诸如厂房、设备、资金、土地、原材料等物质资本要素属于硬资源范畴。软资源是指以人类的智能为基础的资源，诸如知识、技术、组织、网络、商誉、品牌、信息、网络和社会资本等智力资本要素。从资源的整合结构来看，模块制造商主要是硬资源和硬资源的整合，整合范围限于模块制造商的自身边界，经济效益的获取几乎全部依赖硬资源。可见，模块制造商的关键资本是物质资本而非智力资本，智力资本整体含量非常低。因而，模块制造商的劳资分配范式是一种物质资本主导的"资本雇佣劳动"分配范式（肖曙光，2011），其智力资本注定要被物质资本所雇佣，很难实施智力资本入股制度创新。随着竞争激烈程度的增加，当然也不排除由模块制造商物质资本股东在一定条件下（如完成多少税后增加值、实现多少税后增加值复合增长率等）对以企业家为代表的关键人力资本所有者（普通人力资本所有者一般被排斥在外）给予一定虚拟股票期权奖励形式，但该部分奖励带有模块制造商资方的某种"让利"与"施舍"性，"让利多少、让利多久甚至让利与否"全凭模块制造商资方说了算。

2. 系统集成商的智力资本入股实施对象与形式选择

系统集成商是以实体与知识相结合为基础的"小脑袋"企业，从事的是产业加工制造以外的研究开发、展览营销和营运管理产业环节，具体通过制定适当的任务结构与"界面规则"，整合产业某个特定模块化最终产品生产系统。从资源的整合结构来看，系统集成商主要是硬资源和软资源的整合，整合范围为某个特定模块化最终产品生产系统。可见，模块制造商的关键资本既包括物质资本也涉及智力资本。因而，系统集成商的劳资分配范式是一种人力资本与物质资本共同主导的劳资分配范式（肖曙光，2011）。智力资本入股通常采取"部分智力资本"入股形式，实施对象为部分关键智力资本，包括：①关键人力资本所有者，如高级管理人员、核心技术人员等；②与企业效益及发展前景紧密联系的关键组织资本，如专利、发明、商标和特殊非专利技术等；③与企业效益及发展前景紧密联系的特殊关系资本，如特定战略伙伴关系、重要客户和供应商关系、有利协议及合同和市场中介关系等。

3. 规则设计商的智力资本入股实施对象与形式选择

规则设计商是以智力（知识）为基础的"大脑袋"企业，负责整个模块系统的规则或标准设计，专门从事产业的规则或标准设计环节。规则或标准的设计是产业价值链的最高环节，谁的标准为世界所认同，谁就将引领整个产业的发展潮流。规则设计商主要依赖软资源获取经济效益，它是软资源和软资源的整合，整合范围扩展到整个产业。可见，规则设计商的核心竞争力在"智"而不是"物"，其劳资分配范式是一种人力资本主导下的"劳动雇佣资本"分配范式（肖曙光，2011），该类企业的智力资本入股实施成熟度非常高，通常可选择智力资本全入股形式，实施对象为全体智力资本。当然，实践中根据具体情况的不同，采用一些其他制度安排也是可以接受的，如只对关键人力资本、关键组织资本和特殊关系资本实施入股激励，对非关键人力资本所有者提供高薪酬、高福利待遇方式，对非关键组织资本和关系资本所有者支付具市场竞争力的购买价格等。

第五节　本章小结

本章论证表明，知识经济时代，由于智力资本沉淀成本不可忽略及物质资本沉淀成本的减少和转移，智力资本参与企业剩余分配的愿望日趋强烈，企业智力资本通过入股参与企业剩余分配无疑顺应了时代发展要求。智力资本参与企业剩余分配变革须有改革动力，而动力的有无和强弱又主要取决于该项变革能否形成帕累托改进。智力资本参与企业剩余分配需要在多维动力观下来考察各利益主体参与企业增加值分配目标协调。在企业生产活动中追求企业增加值最大化的同时，只要 $\frac{\partial m}{\partial s} > 0$、$\frac{\partial i}{\partial s} > 0$、$\frac{\partial T}{\partial s} > 0$ 得到满足，所分享的企业增加值比重可能有所减少，但绝对值是增加的，就存在帕累托改进空间和改进动力，最终达到一个各利益主体都可接受的帕累托平衡点。对于企业来说，选取企业智力资本的入股路径首先需要企业在图 2-1 中找准自己的位置，再根据实际情况选择部分入股还是全部智力资本入股方式。

　　本章考虑经济发展水平的严重不平衡以及分工结构的巨大差异性，率先从技术和制度上突破现有劳资分配研究的局限，建立起价值网络化产业组织三类企业劳资分配权威或主导分配范式的一般分析架构。并运用该分析架构令人信服地解决了价值网络化产业组织中的三类企业劳资分配关系问题，具体是，模块制造商的劳资分配范式是一种物质资本主导的"资本雇佣劳动"分配范式，其智力资本注定要被物质资本所雇佣，很难实施智力资本入股制度创新。系统集成商的劳资分配范式是一种人力资本与物质资本共同主导的劳资分配范式。智力资本入股通常采取"部分智力资本"入股形式，实施对象为部分关键智力资本。规则设计商的核心竞争力在"智"而不是"物"，其劳资分配范式是一种人力资本主导下的"劳动雇佣资本"分配范式，该类企业的智力资本入股实施成熟度非常高，通常可选择智力资本全入股形式，实施对象为全体智力资本。

第三章 智力资本入股视角的新型劳资分配机制研究

本章研究智力资本参与企业剩余分配的机制问题，具体研究了智力资本分享企业剩余的量化与产权分割，以及三类智力资本（人力资本、组织资本和关系资本）参与企业剩余分配的具体机制。对于前者，现有文献虽对智力资本量化问题进行了大量研究，但均不能同时做到将智力资本的整体价值测量与局部价值测量有机结合起来，本章创新性引入"实物期权"理念对智力资本进行集合计量，然后在此基础上对其产权归宿进行分割制度安排；对于后者，本章具体研究了三类智力资本在企业劳资分配中的身份、地位、收入模式、分配依据、分配顺序等。

第一节 智力资本的量化与产权分割研究

一、企业智力资本的量化模式新探

1. 智力资本量化中"实物期权"理念的引入

智力资本的科学量化和产权分割是实施企业智力资本入股的重要基础。前文已述及，在智力资本量化领域，国内外学者进行了大量探究，但仍不能同时做到将智力资本的整体价值测量与局部价值测量有机结合起来。按大多数学者观点，智力资本大体分为人力资本、组织资本和关系资本三部分，而这三要素都具有"实物期权"特性：①人力资本若适合企业则会被留用、轮换和晋升，反之将遭降职甚至解雇，企业的这种选择权类似于人力资本期权的买入、转换与放弃；②企业拥有开发和投资组织资本的权利，并且必要时可因规避风险或其他考虑而放弃行使该权利，本书可将该选择权视一种变更期权或转换期权；③当关系资本有利于获得持久的竞争优势和关系租金时，企业将维持或继续投资关系网络，反之则终止，企业的这种关系资本选择权可看作一种转换期权和增长期权。考虑到期权定价模型既可就某项资产进行局部计量也可就全部资产进行整体测量，本书拟创新性地引入"实物期权"理念对企业智力资本进行量化，以期突破智力资本量化领域已有研究的某些局限。

2. 名义智力资本量的测量

"实物期权"理念下，名义智力资本量 C 可借助 Black – Shcoles 定价模型（简称 B – S 模型）和 Matlab 软件得到测量。B – S 模型结合了无套利机会原则，反映了智力资产预期的价格方差和无风险收益，实际上反映了未来智力资产增值的可能性程度：

$$C = SN(d_1) - Xe^{-r(T-t)}N(d_2) \tag{3-1}$$

$$d_1 = \frac{\ln(S/X) + \left(r + \frac{1}{2}\sigma^2\right)(T-t)}{\sigma\sqrt{T-t}} \tag{3-2}$$

$$d_2 = \frac{\ln(S/X) + \left(r - \frac{1}{2}\sigma^2\right)(T-t)}{\sigma\sqrt{T-t}} = d_1 - \sigma\sqrt{T-t} \tag{3-3}$$

上述 B – S 模型的参数设置为：①智力资产的当前价值 S，即投入智力资本后所带来收入的折现值；②期权的执行价格 X，表现为企业使用和运作智力资本所支付的费用；③智力资本的期权有效期 T，表现为智力资本与企业所签订契约的有效期长；④智力资本为企业创造收益的波动率 σ；⑤无风险利率 r，一般可用同期银行利率或国债利率表示。

3. 实际智力资本量的测量

因智力资本具有"伸缩性"特点，所以需要在名义评估价值的基础上再通过考核智力资本所有者的实际表现与预先设定的评价标准进行比较，看其实际付出量是否与名义评价量相符，如有差异，则运用模糊数学等评价方法定量分析出差异是多少。在具体设置考核指标时，三部分智力资本的考核也应有所区别，如人力资本考核的侧重点可包括工作能力、工作数量、工作质量、工作态度和工作时间等，组织资本考核的侧重点可包括组织资本的价值性、稀缺性和模仿难度等，而关系资本考核的侧重点可包括关系的价值性、关系的强度、关系的持久性、关系的频率以及关系的扩展等。

二、智力资本的产权分割

智力资本有机融合了物质资本和人力资本，智力资本产权不能想当然地归资方所有，也不是简单地归劳方所有，其产权存在一个分割问题。本书进一步认为，人力资本跟其载体（劳方）具有天然依附性，其产权应完全划归劳方所有，而关系资本和组织资本与其载体（包括资方和劳方）在是否存在依附性和不可分离性上存在较大差别，其产权归宿需做具体分析。

1. 关系资本的产权分割

关系资本包括战略伙伴、客户、供应商、有利合同和市场中介等关系资本，为分析方便，本专著将其划分为初始关系资本和后续关系资本两大类。实践中，初始关系资本往往与其载体（包括自然人和法人组织）有很强的依附性，可以随其载体的进入（离开）企业而带来（走）关系，其权属关系较为明确，产权归其初始载体所有。而对于后续关系资本，其形成和增值具有共有性，没有唯一的专属人格化产权主体，其产权应在劳资双方之间进行合理的分割，分割比例可参照企业出资（物质资本与智力资本）比例确定。

2. 组织资本的产权分割

组织资本可分为组织结构（结构和制度文化）、知识产权（专利、商标、著作权、商誉和研发能力）、基础资产（信息系统、数据库以及信息流程）三个部分。其中，组织结构和基础资产是完全依附于企业而存在的集体性与组织性知识系统，其所有权理应为企业整体所有，终极产权归企业劳资共同所有；知识产权可进而分为职务和非职务两类，前者是利用所在企业资源或平台条件完成，其产权为企业也即劳资共同所有，具体可按出资（物质资本与智力资本）比例分割确定；对于后者，其产权应归创设者个体所有，并已为社会所认同。

第二节 企业人力资本入股的新型
劳资分配机制探讨

对于模块制造商来说，模块制造商组建时劳资地位平等，各自手中拥有权威因子，谁都不能对他人行使权威。企业组建后，权衡自身得失的，劳资主体会就各自手中拥有的权威因子进行博弈谈判。资方由于可能遭受的三部分（沉没成本、折旧损失和机会成本）损失要远远大于劳方，资方愿意承担企业可能盈利也可能遭受失败风险意愿要远大于后者，就必然出价购买劳方的分配权威，给予劳方固定的合约工资，并且物质资本所有者是能够事先支付有足够购买权威的财富，不存在财富约束的问题，而劳方由于承担企业失败风险意愿不是很强烈，即使有意愿也受到购买权威的财富制约。因此，模块制造商的劳资分配范式是一种物质资本主导的"资本雇佣劳动"分配范式（肖曙光，2011）。模块制造商的人力资本被物质资本雇佣，人力资本提供者处于纯粹的支薪地位，工资的性质是人力资本报酬及其折旧的全部，发放标准通过市场供需关系以计时或计件契约方式决定。显然，模块制造商产生人力资本入股变革的可能性极低。为此，本书在此主要对人力资本参与系统集成商和规则设计商企业剩余分配的机制予以探讨分析。

企业的分配内容是企业剩余价值（增加值），即 V + M 部分，政府、资方和劳方三方是参与分配的主要主体。其中，政府主要是通过对企业征收税费来参与企业剩余价值分配。因为政府征收税费是强制性的，所以劳资双方可以用于最终分配的内容就只能是税后增加值（扣除税费后的 V + M 部分），这是包括人力资本、组织资本、关系资本都遵循的原则。

一、人力资本入股的劳资收入模式与分配依据

1. 系统集成商人力资本入股的劳资收入模式与分配依据

（1）系统集成商人力资本提供者的收入模式与分配依据。在收入模式与分配依据上，系统集成商人力资本提供者分化为两个截然不同的群体：

①普通人力资本所有者群体，充当纯粹的传统支薪人角色，其收入模式与分配依据与模块制造商完全相同。②以企业家为代表的关键人力资本所有者群体，其身份转变为系统集成商普通股股东（以人力资本出资），具体包括两块收入：一是股利（企业盈利时），根据人力资本的实际投入量在企业所占的比重决定，人力资本实际投入量的具体量化可采用事前契约确定与事后考核相结合方式解决。在会计处理中，这部分收入在系统集成商所得税后支付；二是工资（可按月领取）。这里的工资性质不同于传统工资，传统的工资性质主要是劳动的报酬，标准依据由市场供需所决定，而此处的工资相当于人力资本折旧费（肖曙光，2006），标准依据转化为由下列因素费用决定：一是维持劳动者自身生存所必要生活资料费用；二是维持劳动者繁殖后代所必要生活资料费用；三是维持劳动者接受教育和培训所支费用的磨损摊销额。其中，第一部分费用是弥补人力资本因使用而引起的有形磨损的需要。第二部分费用用于弥补由自然力引起的人力资本磨损部分。第一、第二部分费用以人力资本所有者所处时代、社会以及系统集成商所在区域的平均值为准。同时，该平均值是一相对动态量，受通货膨胀等因素影响而相对变动。由于采用的是社会平均量，故对所有处在同一时期、同一区域的人力资本所有者来说，这两项费用是相同的。第三部分费用是补偿人力资本无形磨损部分的需要。对于不等的人力资本，该部分折旧费用亦不相等。在会计处理中，可作为制造费用或管理费用计入系统集成商成本。

（2）系统集成商物质资本提供者的收入模式与分配依据。系统集成商的物质资本提供者的收入模式与分配依据与模块制造商非常类似，也是一部分以债权人身份出现，获取固定租金或利息；一部分以企业股东身份出现，物质资本股权一般为普通股权。物质资本股东参与系统集成商经营，以承担有限责任风险为代价，与人力资本股东分享系统集成商所得税后增加值。

（3）系统集成商几种特殊劳资收入分配模式的推演。上述劳资收入模式是建立在如下劳资身份制度安排上：①关键人力资本所有者成为系统集成商的股东而普通人力资本所有者被排斥在股东之外；②系统集成商的物质资本提供者分为债权人和股东两种类型。实际上，在物质资本股东和人力资本股东共同主导的劳资分配范式下还可推演出几种特殊劳资收入模式：一是全体人力资本所有者成为系统集成商股东，而物质资本提供者的身份制度安排不做改变；二是系统集成商不发生借贷、租赁业务，物质资本提供者全部为系统集成商股东。本书认为，上述模式及其组合在系统集成商劳资收入分配实践中是可能发生的，但一般难以成为主流形态。

2. 规则设计商人力资本入股的劳资收入模式与分配依据

（1）规则设计商人力资本提供者的收入模式与分配依据。人力资本所有者的身份全部为人力资本股东，其收入具体包括工资（人力资本折旧费）和股利（规则设计商盈利时）两块，分配依据与系统集成商中的关键人力资本股东完全相同，此处不再赘述。

（2）规则设计商物质资本提供者的收入模式与分配依据。①以债权人身份出现的货币物质资本提供者获得固定利息，利息率取决于规则设计商的资金供求关系以及国家基准利率政策；而以债权人身份出现的非货币物质资本提供者获得租金，租金的高低取决于规则设计商的非货币物质资本供求关系；②物质资本股权一般退化为优先股权，优先股东在领取固定股息的基础上可视情况约定参与或不参与一定比例的利润分配，但不参与规则设计商经营。

（3）规则设计商几种特殊劳资收入模式的推演。上述劳资收入模式是建立在如下劳资身份制度安排上：①全部人力资本所有者成为股东；②物质资本提供者分为债权人和股东两种类型。实际上，在人力资本主导下的规则设计商劳资分配范式还可推演出几种特殊劳资收入模式：一是关键人力资本所有者成为股东，而普通人力资本所有者被作为规则设计商雇员对待，排斥在股东之外，普通人力资本所有者收入是纯粹的劳动报酬工资；二是规则设计商的物质资本需求全部通过借贷、租赁方式解决，物质资本提供者排除在股东之列；三是规则设计商的物质资本股权一部分为普通股权，而另一部分为优先股权，但普通股权远小于人力资本股权。上述模式及其组合在规则设计商劳资收入分配实践中也是可能存在的。

二、人力资本入股的劳资分配顺序

1. 系统集成商人力资本入股的劳资分配顺序

按要素提供者所承担的风险高低决定其分配顺序的思想，系统集成商的劳资分配明细顺序为：

企业增加值（即 V + M）

——各项流转税

流转税后增加值

　　——工资1（关键人力资本折旧费）

　　——工资2（普通人力资本报酬）

　　——租金（非货币物质资本债权人收入）

　　——利息（货币物质资本债权人收入）

所得税前增加值

　　——所得税

所得税后增加值

　　——各项提留

股东可分配增加值

　　——关键人力资本股东（普通股股东）分享的股息收益

　　——物质资本股东（普通股股东）分享的股息收益

　　2. 规则设计商人力资本入股的劳资分配顺序

　　按要素提供者所承担的风险高低决定其分配顺序的思想，规则设计商的劳资分配顺序具体为：

企业增加值（即 V + M）

　　——各项流转税

流转税后增加值

　　——工资（相当于人力资本折旧费）

　　——租金（非货币物质资本债权人收入）

　　——利息（货币物质资本债权人收入）

所得税前增加值

　　——所得税

所得税后增加值

　　——各项提留

股东可分配增加值

　　——物质资本股东（优先股股东）分享的固定股息收益

　　——人力资本股东（普通股股东）分享的股息收益

第三节　企业组织资本入股的新型劳资
分配机制探讨

一、企业组织资本入股的劳资收入模式与分配依据

企业组织资本可细分为组织结构（制度文化和组织架构）、知识产权（专利、著作权、商誉、商标和研发能力）、基础资产（数据库、信息系统和信息流程）三个部分。其中，①组织结构和基础资产是完全依附于企业而存在的集体性与组织性资本，其理应归属于企业整体所有，属于企业劳资共同所有资本；②按照知识产权产生所依靠的资源或平台条件的不同，本书将知识产权分为职务型知识产权和非职务知识产权两个类别，前者是借助企业的资源或平台才得以完成的，其产权为企业，即劳资共同所有，具体可按出资（物质资本与智力资本）比例分割确定；对于后者，社会已经认可其创造者个体理应拥有其全部产权。

组织资本所有者以其所拥有的组织资本入股企业以后，不再拥有组织资本所有权①，作为交换，其身份转化为企业众多股东之一。实践中，组织资本初始所有者以其组织资本入股企业后的收入包括两部分：一是在企业盈利时分得股利（由组织资本的实际投入量占企业资本的比重所决定）；二是组织资本折旧费用。这部分费用的具体管理方式与人力资本折旧费类同，主要是用于弥补组织资本因实质使用和自然力而造成的磨损部分（所谓的有形和无形磨损）。

二、组织资本入股的劳资分配顺序

按要素提供者所承担的风险高低决定其分配顺序的思想，组织资本入股后企业劳资分配顺序如下：

---

① 这时的组织资本已成为所入股企业的法人财产，所有权为所入股企业法人所拥有。

企业增加值（即 V + M）
　　——各项流转税
　流转税后增加值
　　——组织资本折旧费
　　——租金（非货币物质资本债权人收入）
　　——利息（货币物质资本债权人收入）
　所得税前增加值
　　——所得税
　所得税后增加值
　　——各项提留
　股东可分配增加值
　　——优先股股东分享的约定固定股息收益
　　——普通股股东（组织资本普通股股东和其他普通股股东）分
享的浮动股息收益

第四节　关系资本入股变革的劳资分配机制研究

一、关系资本入股的劳资收入模式与分配依据

　　关系资本包括战略伙伴、客户、供应商、有利合同和市场中介等，按
照关系资本的演变形态分为初始关系资本和后续关系资本两大类。实践中，
由于初始关系资本紧紧依附于其载体（包括自然人和法人组织），通常随其
载体进入（离开）企业而带来（走）关系，其权属关系较为明确，产权及
产权派生的收益归其初始载体所有。而对于后续关系资本，其形成和增值
具有共有性，没有唯一的专属人格化产权主体，其产权及产权派生的收益
应在劳资双方之间进行合理的分割，分割比例可参照企业出资（物质资本
与智力资本）比例确定。

　　关系资本所有者以其拥有的初始关系资本入股企业以后，其身份转化
为企业众多股东之一。其收入包括两部分：一是在企业盈利时分得股利

（由初始关系资本的实际投入量占企业资本的比重所决定）；二是初始关系资本折旧费用。这部分费用的具体管理方式与人力资本折旧费类同，主要是用于弥补初始关系资本因实质使用和自然力而造成的磨损部分（所谓的有形和无形磨损）。

二、关系资本入股的劳资分配顺序

按要素提供者所承担的风险高低决定其分配顺序的思想，关系资本入股后企业劳资分配顺序是：

企业增加值（即 $V+M$）

    ——各项流转税

流转税后增加值

    ——初始关系资本折旧费

    ——租金（非货币物质资本债权人收入）

    ——利息（货币物质资本债权人收入）

所得税前增加值

    ——所得税

所得税后增加值

    ——各项提留

股东可分配增加值

    ——优先股股东分享的约定固定股息收益

    ——初始关系资本股东（普通股股东）分享的股息收益

    ——物质资本股东（普通股股东）分享的股息收益

第五节　本章小结

智力资本分为人力资本、组织资本和关系资本三部分，因此，智力资本入股具体涉及人力资本入股、组织资本入股和关系资本入股三部分。可见，智力资本入股并非人力资本入股，它比人力资本入股更为现实也更为复杂。

本章首先研究了智力资本分享企业剩余的量化与产权分割问题。在智力资本量化领域，国内外学者进行了大量探究，但仍不能同时做到将智力资本的整体价值测量与局部价值测量有机结合起来。本章创新性地引入"实物期权"理念对企业智力资本进行量化，突破了智力资本量化领域已有研究的某些局限。本章研究认为，智力资本有机融合了物质资本和人力资本，智力资本产权不能想当然地归资方所有，也不是简单地归劳方所有，其产权存在一个分割问题。本章研究认为，人力资本跟其载体（劳方）具有天然依附性，其产权应完全划归劳方所有，而关系资本和组织资本与其载体（包括资方和劳方）在是否存在依附性和不可分离性上存在较大差别，其产权归宿需做具体分析。

　　本章随后进行了关键人力资本、组织资本、关系资本参与系统集成商和规则设计商剩余分配的机制分析，具体包括三类智力资本在企业劳资分配中的身份、地位、收入模式、分配依据、分配顺序等。企业的分配内容是企业剩余价值（增加值），即 V + M 部分，政府、资方和劳方三方是参与分配的主要主体。其中，政府主要是通过对企业征收税费来参与企业剩余价值分配。因为政府征收税费是强制性的，所以劳资双方可以用于最终分配的内容就只能是税后增加值（扣除税费后的 V + M 部分），这是包括人力资本、组织资本、关系资本都遵循的原则。

第四章 智力资本入股的财富动力行业差异性研究

本章原本运用大规模实证拟分别从人力资本、组织资本和关系资本入股来系统深入分析智力资本入股的财富动力（劳资分配效应）行业（含资本密集型行业、劳动密集型行业和智力密集型行业）差异性，但在实际研究中发现，组织资本和关系资本通过入股参与企业剩余分配在目前尚处于探索发展阶段，缺乏大容量的公开数据支持，而作为人力资本入股重要实现形态的股权激励制度自1952年美国辉瑞公司第一个推出起，目前已成为西方国家应用最为广泛的企业激励手段之一。以美国为例，几乎所有的高科技企业、95%以上的上市公司都实行了股权激励制度。在我国，自深圳万科集团1993年率先尝试推行股票期权制度之后，很多上市公司开始推行股权激励制度，特别是近几年股权激励在我国发展非常迅猛。鉴于此，本书最后将智力资本入股的财富动力行业差异性研究集中在股权激励形态领域。首先，本章进行了股权激励财富动力的行业差异性机理分析，认为企业资源结构与内部威权范式的不同导致了股权激励财富动力的行业差异，理论上并不是所有企业都适合引入股权激励制度，如所在企业属于知识密集型宜尽早推行，如属于资本密集型和劳动密集型则宜根据企业的软硬资源实情谨慎决策。其次，本章在构建股权激励财富动力模型的基础上进行了理论求解，研究认为股权激励的实质是财富分配变革，在单维财富观下，各主体的收益最大化目标不可能同时满足，财富动力条件需要从单维求解转变为综合求解。最后，本章实证了我国上市公司股权激励制度的财富动力行业差异性。

第一节 股权激励财富动力行业
差异性的机理分析

一、企业资源结构不同导致了股权激励财富动力的总量行业差异

1. 企业股权激励总量财富动力的界定

总量财富动力包括企业税后增加值（税后 V + M 部分）和市值增加值两部分。企业股权激励的总量财富动力在本书是指由股权激励催生的企业综合财富增加，具体包含两个部分：一是商品市场的税后增加值，二是资本市场的市值增加值①。由于公司股价和市值总是会灵敏反映并围绕公司内在价值进行波动，而公司内在价值又主要以其历史和预期税后增加值为估价基础。在某一时点或短暂时间内，虽然存在公司市值增加值偏离甚或大幅偏离税后增加值现象，但如进行长时期大样本考察，公司市值增加值与其税后增加值必然呈高度正相关关系，因此，股权激励的综合财富动力变化规律与其税后增加值变化规律是高度吻合的。为分析方便，此处及后文未加说明权且以税后增加值作为企业财富增加的替代变量。

2. 知识密集型企业的股权激励总量财富动力最强

从资源学角度来看，企业掌控的资源可以大致分为两类：一是硬资源；二是软资源。硬资源是指以自然、物质或人类体能为基础的资源，诸如土地、厂房、设备、资金等自然、物质资源以及普通劳动等劳务资源等，硬资源的使用效率与回报受到"物"的作用边界或人的体能约束，服从边际效用递减原理。软资源是指以人类智能为基础的资源，诸如知识、技术、商誉、品牌、网络等。与硬资源相反，软资源的使用效率与回报适用边际效用递增原理，因为软资源的使用不仅不会出现消耗和减少，而且还会创造和形成新的软资源，其价值也会随着使用者的增加而增加。显然，企业

---

① 这里是指剔除沪深交易所大盘指数和公司总股本变化因素影响后的市值增加值。

掌控的软资源越多，创造税后增加值的能力就越强；反之亦相反。对于知识密集型企业，软资源在其资源结构中占绝对比重，获取经济效益主要依赖软资源。股权激励带动的企业资源整合主要是软资源与软资源的整合，这种整合必将极大地激发企业创建和保持竞争优势。显然，由软资源与软资源整合形成的股权激励财富动力是最为强劲的。对于资本密集型企业，自然、物质硬资源在其资源结构中占绝对比重，而对于劳动密集型企业，以人类体能为基础的劳务硬资源在其资源结构中占绝对比重。自然、物质硬资源和劳务硬资源虽然在资源形态表现上存在很大差异，但都属于硬资源范畴。可见，资本密集型和劳动密集型企业的资源结构都是以硬资源占据绝对比重的结构，两者股权激励所带来的资源整合都主要是硬资源和硬资源的整合，这种整合所产生的财富动力增长必然是一种低水平的平缓增长。显然，资本密集型企业和劳动密集型企业的股权激励财富动力效果都不及知识密集型企业，但两者之间孰优孰劣至此还无法进行简单判断。

3. 资本密集型企业和劳动密集型企业财富动力强弱的决定因素

软资源含量和比重情况是决定资本密集型和劳动密集型企业财富动力强弱的主要因素。实践中，资本密集型产业既有软资源含量和比重较高的企业，如装备较先进、劳动生产率较高并拥有较多知识产权的部分重型机械制造企业、石油化工企业等，也存在软资源含量和比重较低的企业，如煤炭采掘业企业等。劳动密集型产业也存在类似情况，既有大量软资源含量和比重较低的企业，如大众服装企业、大众食品企业等，也存在软资源含量和比重较高的企业，如列入国家级非物质文化遗产保护的部分手工刺绣企业、个性化家具企业以及艺术雕刻、艺术陶瓷等工艺美术品制造企业，该类企业产品个性突出、工艺技术独特，软资源在企业资源结构中无疑占有相当的比重。可见，资本密集型企业的软资源含量和比重情况并不必然优于劳动密集型企业；反之，后者软资源含量和比重情况也并不一定劣于前者。实践中，两者股权激励的财富动力总量效果并没有定论，软资源含量和比重高者将胜出。

4. 资本密集型和劳动密集型企业财富动力强弱的补充因素

受益方式是决定资本密集型和劳动密集型企业财富动力强弱的重要补充因素。利益主体受益股权激励的方式分为直接受益和间接受益两种。关键人力资本所有者一般是股权激励对象，其股权激励效用来得最为直接和明显；物质资本股东名义上不是股权激励对象，但可通过设置一定条件

（如完成多少税后增加值、实现多少税后增加值复合增长率等），借助股份制公司的"同股同权"机制来搭乘关键人力资本所有者"便车"受益，属于股权激励制度的间接受益者，其股权激励效用次之；至于普通人力资本所有者，他们既不是股权激励对象，也无法借助"同股同权"机制搭乘股权激励"便车"，其股权激励效用必然最弱。资本密集型和劳动密集型企业的固有特点决定了前者的物质资本密集度大于后者，而普通人力资本密集度又要小于后者。从受益股权激励方式的效用规律来看，在软资源含量和比重大体相同的情况下，资本密集型企业的股权激励财富动力要略强于劳动密集型企业。

二、不同的企业内部威权范式决定了股权激励财富动力的结构差异

1. 企业内部威权范式分析架构的建立

企业内部威权或分配控制权决定企业的劳资分配结构。如何界定企业内部威权有正向和反向两种思路，正向思路是通过测度利益主体的价值贡献来直接界定企业分配威权因子，但由于企业的团队生产性质，贡献的测度存在很大障碍。反向思路是依据收益与风险匹配原理，通过确定利益主体所承担的风险或损失来间接界定企业分配威权因子。对于如何界定和配置企业内部威权因子问题，赵农（2004）在忽略人力资本沉淀成本的设定条件下，沿着反向思路通过界定人力资本与物质资本可能遭受的沉淀成本、折旧损失和机会成本三部分损失得出了"资本雇佣劳动"的企业内部威权配置结论。而刘茂松、陈素琼（2005）认为，人力资本沉淀成本在知识经济时代不可抽象掉，并从该设定条件出发得出了"劳动雇佣资本"的截然相反的结论。本书认为，上述学者的研究结论在其设定条件下都是成立的，但由于经济发展水平的严重不平衡以及企业资源禀赋的巨大差异性，上述论断也都一定程度上存在一般性解析缺失的局限性。人力资本与物质资本存在"资本"的共同属性，应通盘考虑两者可能遭受的沉淀成本、折旧损失和机会成本三部分损失因素及三部分因素在不同环境条件下的发展变化情况才能得出企业内部威权关系的一般性配置规律（肖曙光，2011）。

不管是人力资本所有者还是物质资本所有者，其可能遭受的沉淀成本、折旧损失和机会成本三部分损失及承担损失风险的能力成为取得企业内部

分配控制权的根本性条件。当事人将按照各自意愿权衡自身的得失，通过博弈达成某种一致合约（赵农，2004），表现为：一部分要素提供者承担企业经营结果的不确定性，向其他要素提供者支付较为稳定的回报，但要求其他要素提供者接受他们在企业内的分配威权。

2. 知识密集型企业内部威权是关键人力资本主导范式

（1）沉淀成本的分析。关键人力资本在知识密集型企业的资本结构以及人力资本结构中都占有绝对比重，其所有者拥有的多为专有技术知识，劳动形态主要体现为一种智能型劳动。关键人力资本的初始及后续投资极大，并且一旦锁定就很难挪作他用。与此相对照的是，物质资本所有者与企业特别是上市企业的关系逐渐弱化与间接化，物质资本股东一有需要就可以非常方便地通过资本市场脱离企业，从而在知识密集型企业中，关键人力资本投资企业形成的沉淀成本整体上要远大于物质资本。

（2）折旧损失及机会成本的分析。对于关键人力资本所有者，专有知识在其知识结构中占绝对比重，知识"含金量"很高，从而其人力资本的初始投资非常巨大。并且由于知识越先进、更新速度就越快，为维持竞争力，关键人力资本所有者需要不断地花费金钱、时间和精力去探索和更新知识，也许还没有把前期花费的成本补偿回来就早已"过时"了。相对于关键人力资本，物质资本的折旧损失则要少很多。知识密集型企业的核心竞争力在"人"而不是"物"，对于知识密集型企业，只要有好的项目和"idea"，资金筹措在当今已不再是困扰难题，物质资本的机会成本减少也已成为趋势。而普通人力资本所有者拥有的大多是通用知识，一有"风吹草动"容易通过另谋他职而降低人力资产沉淀，有时甚至可以达到忽略不计人力资产沉淀的程度。可见，对于知识密集型企业，关键人力资本所有者的三部分损失在整体上要大于物质资本，更要远大于普通人力资本。从而知识密集型企业内部威权是关键人力资本主导范式，在知识密集型企业的内部分配问题上，关键人力资本所有者拥有绝对的话语权，也必然分占企业税后增加值的绝对比重；物质资本所有者的话语权次之，分占企业税后增加值的较小比重；普通人力资本所有者的话语权最弱，只领取固定的劳务报酬。

3. 资本密集型企业内部威权是物质资本主导范式

（1）沉淀成本的分析。无论是软资源含量和比重较高的先进制造业等资本密集型企业，还是软资源含量和比重较低的采掘业等资本密集型企业，其资本结构整体还是物质资本占绝对比重。物质资产的专用性比较强，投资后转移或挪作他用的难度较大，必然形成较多沉淀成本。显然，资本密集型企业的物质资本沉淀成本整体上要大于关键人力资本，更要远大于普通人力资本。

（2）折旧损失及机会成本的分析。普通人力资本初始投资少，其知识更新速度慢因而后续人力资本投入也较少，因此，其可能遭受的折旧损失较少。普通人力资本由于知识"含金量"较低，其所有者离职另谋他职的机会、收入也定然较少；对于关键人力资本，其所有者的折旧损失及机会成本虽然较普通人力资本大，但由于资本密集型企业整体以物质资本占绝对比重的缘故，资本密集型企业关键人力资本的折旧损失及机会成本整体上并不会很高。而由于规模经济的需要，资本密集型企业物质资本的初始投资及后续投资往往非常巨大，因而，资本密集型企业物质资本的折旧损失与机会成本整体上远大于全部人力资本。可见，资本密集型企业中，物质资本的三部分损失整体上要大于关键人力资本，更要远大于普通人力资本。从而资本密集型企业内部威权是物质资本主导范式，资本密集型企业内部当事人的企业税后增加值分配谈判力强弱排序注定是物质资本整体上大于关键人力资本，更远大于普通人力资本。企业税后增加值分配结果也定然是物质资本所有者分占绝对比重，关键人力资本所有者分占比重较小，而普通人力资本所有者依然无奈地领取固定的劳务报酬。

4. 劳动密集型企业内部威权是物质资本与关键人力资本共同主导范式

（1）沉淀成本的分析。普通人力资本虽说在劳动密集型企业资本结构中占主要比重，但因其所有者拥有的大多是通用知识，沉淀成本注定不会很高。对于关键人力资本与物质资本，两者都具有较强的资产专用性，其沉淀成本大于普通人力资本不难做出判断。实践中，既有对关键人力资本依赖度较低而对物质资本依赖度较高的传统服装、皮革企业，也有从事个性化服装、工艺品制造等对关键人力资本依赖度较高而对物质资本依赖度较低的企业。劳动密集型企业中，沉淀成本孰多孰少对关键人力资本与物质资本当事人来说是难以确定的。

（2）折旧损失及机会成本的分析。同理，因普通人力资本初始投资及后续投入较少，其可能遭受的折旧损失较少。而由于普通人力资本知识"含金量"较低，注定其所有者的机会收入也较低；对于关键人力资本和物质资本，其所有者的折旧损失及机会成本虽然较普通人力资本大，但由于两者在劳动密集型企业资本结构中的具体比重孰高孰低并没有定论，两者的折旧损失及机会成本对比情况是不定的。可见，劳动密集型企业中，物质资本和关键人力资本的三部分损失整体上都要大于普通人力资本不存在疑义，但两者之间孰多孰少对当事人来说很难做出准确判断。从而劳动密集型企业内部威权是物质资本与关键人力资本共同主导范式，企业税后增加值的分配话语权是物质资本与关键人力资本所有者旗鼓相当，但都大于普通人力资本所有者。

三、总量与结构的差异叠加决定了最终的分项财富动力行业差异

企业利益主体的股权激励财富动力行业差异来自两类差异的叠加：一是企业利益主体作为一个整体（以法人形式出现）的股权激励财富增加值总量差异；二是企业内部威权范式决定的分配结构差异。对于股权激励财富增加值绝对额差异的影响来说，结构差异的影响固然重要，但其中发挥根本性作用的无疑是总量差异影响。如果股权激励的企业财富增加值总量极少，利益主体即使拥有很大甚或全部比例，其分得的财富增加值也依然多不到哪里去；相反，如果总量巨大，即使拥有很小比例，利益主体得到的财富增加值仍会相当可观。

1. 关键人力资本所有者的股权激励财富动力行业差异分析

（1）知识密集型企业分析。一方面，知识密集型企业主要依赖软资源获取经济效益，其股权激励财富动力总量效果最为明显，远强于资本密集型和劳动密集型企业。另一方面，知识密集型企业内部威权是关键人力资本主导范式，关键人力资本所有者拥有绝对的内部分配话语权，分占了企业税后增加值的绝对比重。可见，关键人力资本所有者在知识密集型企业是"财富增加值总量大"与"所占财富增加值份额多"的叠加，是一种"锦上添花"式的叠加，注定其财富动力最为强劲。

（2）资本密集型和劳动密集型企业的比较分析。前已述及，在股权激励财富动力总量效果上，资本密集型和劳动密集型企业孰优孰劣没有定论，最终效果如何主要取决于具体企业的软资源含量和比重，软资源含量和比重高者胜出，在大体相同的情况下，资本密集型企业财富动力效果略强于劳动密集型企业。在股权激励财富动力结构效果上，资本密集型企业是物

质资本主导的内部威权范式，关键人力资本的分配话语权要弱于物质资本，所分享的企业税后增加值比重也相应小于物质资本；劳动密集型企业是物质资本与关键人力资本共同主导的内部威权范式，关键人力资本的分配话语权与物质资本企业旗鼓相当，在企业税后增加值中占有与话语权相称的比重。可见，对于劳动密集型与资本密集型企业，两者的关键人力资本财富动力孰优孰劣并没有定论，谁的企业财富增加值总量较大，谁就相对占优。

2. 物质资本所有者的股权激励财富动力行业差异分析

在不同要素密集型企业中，物质资本所有者的股权激励财富动力分别对应着三种不同的总量与结构差异模式叠加：①在知识密集型企业是"财富增加值总量大"与"所占财富增加值份额少"的叠加；②在资本密集型企业是"财富增加值总量小"与"所占财富增加值份额多"的叠加；③在劳动知识密集型企业是"财富增加值总量小"与"所占财富增加值份额较多"的叠加。由于股权激励的财富增加值总量差异是影响分项财富动力差异的决定性因素，物质资本所有者在知识密集型企业虽然分享的财富增加值比例少，但由于财富增加值总量大的缘故，其分项财富动力效果仍可能是最好的。对于资本密集型和劳动密集型企业，同是对应股权激励的财富增加值"总量小"，但物质资本股东在资本密集型企业中所分占财富增加值份额要多于劳动密集型企业，理论上，资本密集型和劳动密集型企业在财富增加值总量大致相同的情况下，前者的物质资本股东分项财富动力要略强于后者。

3. 普通人力资本所有者的股权激励财富动力行业差异分析

普通人力资本所有者是名副其实的分配弱势群体，在各类企业中都不是股权激励的激励对象，也不拥有企业股份，不能借助"同股同权"机制搭乘关键人力资本所有者的股权激励"便车"，总是收益最小者。普通人力资本所有者在各类企业中基本上处于完全的支薪地位，如果说股权激励对他们能产生一定的财富动力效果，也只能是寄希望于股权激励促进所在企业税后增加值大幅增加后的涨薪效应。理论上，涨薪效应与企业税后增加值呈正相关关系，企业税后增加值增幅越大，涨薪效应就越大。从这一角度出发，普通人力资本所有者也属于股权激励受益群体。具体到不同要素密集型企业来说，知识密集型企业的股权激励财富动力总量效果最为明显，要远强于资本密集型和劳动密集型企业。因此，知识密集型企业的普通人力资本分项财富动力效果（涨薪效应）无疑是最好的。至于资本密集型和劳动密集型企业的涨薪效应孰优孰劣并没有定论，具体取决于所在企业股权激励财富动力的总量效果。

第二节　股权激励财富动力条件的理论求解与行业差异性

一、股权激励财富动力分析模型的构建

股权激励制度实质上是一项复杂敏感的利益分配改革，必然涉及利益的冲突。因此，股权激励制度的顺利实施需具备持续可靠的总体与分项财富动力保障条件。前已述及，企业股权激励的实施动力来源于商品市场的企业税后增加值和来源于资本市场的企业市值增加值之和。一般而言，物质资本股东、关键人力资本所有者和普通人力资本所有者所分配收益取决于企业收入、企业成本、政府税收和具体企业股权激励契约制度等因素的大小和变化。也就是说，前者与企业税后增加值存在函数关系。反过来，企业税后增加值也同时构成前者的反函数。同时，物质资本股东和关键人力资本所有者（以高管层、核心技术人员等为代表）所分配收益还取决于企业市值增加值和具体股权激励契约制度，两者也构成函数关系。为分析方便，令 V 为企业财富增加值函数，R 为企业收入函数，C 为企业固定支出函数，T 为税收函数，Z 为企业的市值函数，由此可建立起股权激励财富动力的分析模型：

$$V = R(m, h, l, s) - C(m, h, l, s) - T(m, h, l, s) + Z(m, h, s) - Z_0 I_n / I_0 \tag{4-1}$$

式（4-1）中，m 代表物质资本股东收益，h 代表关键人力资本所有者收益，l 代表普通人力资本所有者收益，s 代表股权激励制度安排，I_n 与 I_0 分别为股权激励实施的 n 时点、初始时点所对应沪深交易所大盘指数或行业指数。股权激励同时影响着物质资本股东、关键人力资本和普通人力资本所有者的收益，从而该制度安排构成物质资本、关键人力资本和普通人力资本收益的复合函数。

二、股权激励总量财富动力条件的理论求解与行业差异性

1. 股权激励总量财富动力条件的理论求解

由企业财富增加值函数对股权激励制度安排求偏导可以得到：

$$\frac{\partial V}{\partial s} = \left(\frac{\partial R}{\partial m} - \frac{\partial C}{\partial m} - \frac{\partial T}{\partial m} + \frac{\partial Z}{\partial m}\right)\frac{\partial m}{\partial s} + \left(\frac{\partial R}{\partial h} - \frac{\partial C}{\partial h} - \frac{\partial T}{\partial h} + \frac{\partial Z}{\partial h}\right)\frac{\partial n}{\partial s} +$$

$$\left(\frac{\partial R}{\partial l} - \frac{\partial C}{\partial l} - \frac{\partial T}{\partial l}\right)\frac{\partial l}{\partial s} + \left(\frac{\partial R}{\partial s} - \frac{\partial C}{\partial s} - \frac{\partial T}{\partial s} + \frac{\partial Z}{\partial s}\right) \tag{4-2}$$

式（4-2）中，企业股权激励的总量财富动力条件可表述为 $\frac{\partial T}{\partial s} \geq 0$，即股权激励需要对企业财富增加值产生正向作用，数值越大，说明实施股权激励的正向作用越显著。从式（4-2）可以看出，股权激励制度的总财富动力条件可以分解为四个部分：一是通过作用于物质资本 $\left(\frac{\partial R}{\partial m} - \frac{\partial C}{\partial m} - \frac{\partial T}{\partial m} + \frac{\partial Z}{\partial m} > 0\right)$，提高物质资本使用效率所形成的企业财富增加值 $\left(\frac{\partial R}{\partial m} - \frac{\partial C}{\partial m} - \frac{\partial T}{\partial m} + \frac{\partial Z}{\partial m}\right)\frac{\partial m}{\partial s}$ 变大，物质资本属于一种硬资源，使用效率与回报提高服从边际递减规律；二是通过作用于关键人力资本 $\left(\frac{\partial R}{\partial h} - \frac{\partial C}{\partial h} - \frac{\partial T}{\partial h} + \frac{\partial Z}{\partial h} > 0\right)$，激发其能动性与创新性所形成的企业财富增加值 $\left(\frac{\partial R}{\partial h} - \frac{\partial C}{\partial h} - \frac{\partial T}{\partial h} + \frac{\partial Z}{\partial h}\right)\frac{\partial h}{\partial s}$ 变大，关键人力资本属于一种软资源，使用效率和回报服从边际递增规律；三是通过作用于普通人力资本，提高普通劳务资源利用效率所形成的企业税后增加值 $\left(\frac{\partial R}{\partial l} - \frac{\partial C}{\partial l} - \frac{\partial T}{\partial l}\right)\frac{\partial l}{\partial s}$ 变大（至少不出现消极抵触而减少），普通人力资本属于一种硬资源，使用效率和回报提高受人类体能或人的生理机能约束，所形成的公司税后增加值变化服从边际递减规律；四是股权激励制度通过整合企业全部资源，提高资源综合利用效率所形成的企业财富增加值 $\left(\frac{\partial R}{\partial s} - \frac{\partial C}{\partial s} - \frac{\partial T}{\partial s} + \frac{\partial Z}{\partial s}\right)$ 增加。

2. 股权激励总量财富动力条件的行业差异性分析

从式（4-2）可以看出，股权激励总量财富动力条件的前面三项是股

权激励制度分别作用于三类资本所形成的企业财富增加值增加，其中，关键人力资本的股权激励效用服从边际递增规律，企业财富增加值提升效果最为突出。物质资本和普通人力资本虽然表现形态不同，但都属于硬资源范畴，其股权激励效用都服从边际递减规律，企业财富增加值提升效果次之。知识密集型企业资本结构以关键人力资本占绝对比重，而物质资本和劳动密集型企业资本结构分别以物质资本和普通人力资本占绝对比重。股权激励作用于三类资本的企业财富增加值效果，知识密集型企业无疑是最突出的。股权激励总量财富动力的第四项条件也表现出很大的行业差异性。知识密集型企业获取经济效益主要依赖软资源，股权激励所带动的企业资源整合主要是软资源与软资源的整合；物质资本和劳动密集型企业获取经济效益主要依赖硬资源，股权激励所带动的企业资源整合主要是硬资源与硬资源的整合。显然，股权激励制度整合企业综合资源所形成的财富增加值提升效果也是知识密集型企业占优。另外当 $\frac{\partial T}{\partial s} \geq 0$ 时，代表实施股权激励使得政府税收增加。现实中，政府出于多种考虑对知识密集型企业青睐有加，往往有选择性地对知识密集型企业进行税收优惠以推动企业实施股权激励，形成政府推动力。

3. 单维物质资本股东财富观下的动力条件求解与行业差异性

（1）单维物质资本股东财富观下的动力条件求解。在单维物质资本股东财富观下，股权激励的动力目标是实现物质资本股东财富的最大化。笔者将企业财富增加值函数对企业股权激励制度安排变量求偏导并变形后可得到：

$$\frac{\partial m}{\partial s} = \frac{\frac{\partial V}{\partial s} - \left(\frac{\partial R}{\partial h} - \frac{\partial C}{\partial h} - \frac{\partial T}{\partial h} + \frac{\partial Z}{\partial h}\right)\frac{\partial h}{\partial s} - \left(\frac{\partial R}{\partial l} - \frac{\partial C}{\partial l} - \frac{\partial T}{\partial l}\right)\frac{\partial l}{\partial s} - \left(\frac{\partial R}{\partial s} - \frac{\partial C}{\partial s} - \frac{\partial T}{\partial s} + \frac{\partial Z}{\partial s}\right)}{\frac{\partial R}{\partial m} - \frac{\partial C}{\partial m} - \frac{\partial T}{\partial m} + \frac{\partial Z}{\partial m}}$$

$$(4-3)$$

从式（4-3）可以看出，物质资本股东的财富增长具体通过四种途径来实现：一是股权激励实施使得企业财富增加值能整体增长 $\left(\text{即}\frac{\partial V}{\partial s} > 0\right)$ ；二是通过作用于关键人力资本所形成的部分财富增加值 $\left(\frac{\partial R}{\partial h} - \frac{\partial C}{\partial h} - \frac{\partial T}{\partial h} + \frac{\partial Z}{\partial h}\right)$ $\frac{\partial h}{\partial s}$ 尽可能少地被他人分享；三是通过作用于普通人力资本所形成的企业税

后增加值 $\left(\dfrac{\partial R}{\partial l} - \dfrac{\partial C}{\partial l} - \dfrac{\partial T}{\partial l}\right)\dfrac{\partial l}{\partial s}$ 尽可能少地被他人分享；四是由股权激励制度通过整合全部资源所综合形成的企业财富增加值 $\left(\dfrac{\partial R}{\partial s} - \dfrac{\partial C}{\partial s} - \dfrac{\partial T}{\partial s} + \dfrac{\partial Z}{\partial s}\right)$ 尽可能向物质资本股东倾斜，减少扣除。当满足 $\dfrac{\partial m}{\partial s}=0$ 时，实现物质资本股东财富的最大化目标。

（2）单维物质资本股东财富观下的动力条件行业差异性分析。对于物质资本股东来说，实现其财富最大化目标的四种途径不可能同时满足，并且身处不同行业其满足程度更是迥异。①股权激励实施使得企业财富增加值整体增长可以实现，但增长程度势必存在行业差异。知识密集型企业的股权激励财富动力总量效果最为明显，要远强于资本密集型和劳动密集型企业。至于资本密集型和劳动密集型企业的股权激励财富动力总量效果孰优孰劣则主要取决于具体企业的软资源含量和比重情况，软资源含量和比重高者胜出。②关于作用于关键人力资本所形成的部分财富增加值尽可能少地被分享在很多时候更是一厢情愿，因为关键人力资本无论身处哪个行业，其所有者都拥有相当的分配话语权，知识密集型企业更是拥有绝对的分配主导权。③关于作用于普通人力资本所形成的部分财富增加值尽可能少地被分享倒是容易实现，毕竟普通人力资本所有者在各类企业分配中都是名副其实的弱势群体，但同时也有外部干预（如工会组织、政府最低工资标准政策等）存在，普通人力资本所有者收益的压缩不可能没有底线。④由股权激励制度通过整合全部资源所综合形成的企业财富增加值尽可能向物质资本倾斜，也受到企业内部威权或分配控制范式的挑战，只有在企业内部威权是物质资本主导范式的资本密集型企业才有可能实现。

4. 单维关键人力资本财富观下的动力条件求解与行业差异性

（1）单维关键人力资本财富观下的动力条件求解。在单维关键人力资本财富观下，股权激励实施的动力目标是追求关键人力资本所有者财富的最大化。同理，笔者将式（4－3）对企业股权激励制度安排变量求偏导并变形后可得：

$$\frac{\partial h}{\partial s} = \frac{\dfrac{\partial V}{\partial s} - \left(\dfrac{\partial R}{\partial m} - \dfrac{\partial C}{\partial m} - \dfrac{\partial T}{\partial m} + \dfrac{\partial Z}{\partial m}\right)\dfrac{\partial m}{\partial s} - \left(\dfrac{\partial R}{\partial l} - \dfrac{\partial C}{\partial l} - \dfrac{\partial T}{\partial l}\right)\dfrac{\partial l}{\partial s} - \left(\dfrac{\partial R}{\partial s} - \dfrac{\partial C}{\partial s} - \dfrac{\partial T}{\partial s} + \dfrac{\partial Z}{\partial s}\right)}{\dfrac{\partial R}{\partial h} - \dfrac{\partial C}{\partial h} - \dfrac{\partial T}{\partial h} + \dfrac{\partial Z}{\partial h}}$$

（4－4）

从式（4-4）可以看出，关键人力资本所有者财富的增长通过四种途径实现：一是股权激励实施使得企业财富增加值总量增加（即 $\frac{\partial V}{\partial s} > 0$）；二是通过作用于物质资本所形成的企业财富增加值 $\left(\frac{\partial R}{\partial m} - \frac{\partial C}{\partial m} - \frac{\partial T}{\partial m} + \frac{\partial Z}{\partial m}\right)\frac{\partial m}{\partial s}$ 尽可能少地被他人分享；三是通过作用于普通人力资本所形成的企业税后增加值 $\left(\frac{\partial R}{\partial l} - \frac{\partial C}{\partial l} - \frac{\partial T}{\partial l}\right)\frac{\partial l}{\partial s}$ 尽可能少分享；四是由股权激励制度通过整合全部资源所综合形成的企业财富增加值 $\left(\frac{\partial R}{\partial s} - \frac{\partial C}{\partial s} - \frac{\partial T}{\partial s} + \frac{\partial Z}{\partial s}\right)$ 尽可能向关键人力资本倾斜，减少扣除。当满足 $\frac{\partial h}{\partial s} = 0$ 时，实现关键人力资本所有者财富的最大化目标。

（2）单维关键人力资本财富观下的动力条件行业差异性分析。对于关键人力资本股东来说，实现其财富最大化目标的四种途径满足程度也存在一定的行业差异性。第一条和第四条途径满足情况前文已述及，这里不再赘述；关于作用于物质资本所形成的部分财富增加值尽可能少地被人分享，只有在知识密集型企业才可能做到极致，因为物质资本股东在劳动密集型企业拥有相当的分配话语权，而在资本密集型企业则更甚。至于由股权激励制度通过整合全部资源所综合形成的公司财富增加值尽可能向关键人力资本倾斜，在资本密集型和劳动密集型企业也受到一定程度的挑战。

5. 单维普通人力资本财富观下的动力条件求解与行业差异性

在单维普通人力资本所有者动力观下，股权激励实施的目标是实现普通人力资本所有者财富的最大化。同理，将企业财富增加值函数对股权激励制度安排求偏导并变形后可得到：

$$\frac{\partial l}{\partial s} = \frac{\frac{\partial V}{\partial s} - \left(\frac{\partial R}{\partial m} - \frac{\partial C}{\partial m} - \frac{\partial T}{\partial m} + \frac{\partial Z}{\partial m}\right)\frac{\partial m}{\partial s} - \left(\frac{\partial R}{\partial h} - \frac{\partial C}{\partial h} - \frac{\partial T}{\partial h} + \frac{\partial Z}{\partial h}\right)\frac{\partial h}{\partial s} - \left(\frac{\partial R}{\partial s} - \frac{\partial C}{\partial s} - \frac{\partial T}{\partial s} + \frac{\partial Z}{\partial s}\right)}{\frac{\partial R}{\partial l} - \frac{\partial C}{\partial l} - \frac{\partial T}{\partial l}}$$

$$(4-5)$$

从式（4-5）可以看出，普通人力资本所有者虽然不是股权激励制度的直接激励对象，但也希望股权激励实施能够给他们带来财富的增长，实现的途径是实施股权激励的企业财富增加值在扣除物质资本和关键人力资本所有者分享额后还有所剩余。普通人力资本所有者在各类企业中基本处于完全的支薪地位，是名副其实的分配弱势群体。如果说股权激励对他们能产生一定的财富动力效果，也只能是寄希望于股权激励促进所在企业税后增加值大幅增加后的涨薪效应。而涨薪效应与企业税后增加值呈正相关关系，企业税后增加值增幅越大，涨薪效应就越大。从这个角度出发，涨薪效应也同样存在较大的行业差异性，前文已述及，对于不同要素密集型企业来说，知识密集型企业的股权激励财富动力总量效果最为明显，远强于资本密集型企业和劳动密集型企业，其涨薪效应无疑也是最好的，至于资本密集型企业和劳动密集型企业的涨薪效应则具体取决于所在企业的软硬资源实情，孰优孰劣并没有定论。当满足 $\frac{\partial l}{\partial s}=0$ 时，实现普通人力资本所有者财富的最大化目标。

6. 多维财富观下的动力条件求解

多维财富观下，股权激励的动力目标协调思路是基于以下几方面的认识：一是股权激励实施动力的有无以及强弱主要取决于该项变革能否形成帕累托改进，这就要求本书由过去仅关注物质资本股东收益的单一求解转变为同时关注物质资本股东、关键人力资本所有者和普通人力资本所有者等多方收益的综合求解。二是在单维财富观下，各利益主体的收益最大化目标不可能同时满足，因而所形成的分配冲突是无法避免的。虽然股权激励可以通过做大"蛋糕"在一定程度上减弱冲突但不能从根本上消除冲突。三是不同的行业以及不同利益主体的股权激励收益不可避免地会存在很大差异，各利益主体应在多维财富观下理性判断股权激励制度的收益差异与分配冲突。四是各分配主体冲突的强弱具有阶段性。强弱变化的拐点在于 $\frac{\partial V}{\partial s}=0$ 所对应的 V^{*}，只要仍处于 $V<V^{*}$ 的阶段，继续提高企业财富增加值就仍然是促进各利益主体效用最大化的最重要手段，做大"蛋糕"仍然是第一要义，即处于各利益主体财富分配冲突弱化的阶段，而只有越过 V^{*} 点才会进入冲突不断强化的阶段。

因此，多维动力观下各利益主体参与企业财富增加值分配目标协调的结果就是：在企业股权激励实施过程中追求财富增加值最大化的同时，只要 $\frac{\partial m}{\partial s}>0$、$\frac{\partial h}{\partial s}>0$、$\frac{\partial l}{\partial s}>0$、$\frac{\partial T}{\partial s}>0$ 得到满足，即使所分享的企业财富增加值比重有所减少，只要绝对值是增加的，就存在帕累托改进空间和改进动力，最终达到各利益主体都可接受的财富动力帕累托平衡点。

第三节 股权激励财富动力行业差异性的实证分析

一、样本选择与数据来源

本书以 2008 年 1 月 1 日至 2014 年 12 月 31 日期间沪深两市有过股权激励实施记录的所有上市公司为基础样本，随后剔除金融类上市公司、中途退市及 ST、*ST 类上市公司、期间有重大资产重组导致报表波动性较大的上市公司、财报中有否定意见及无法表示意见的上市公司、中途取消激励计划或仅发布预案未有后续实施信息发布的上市公司以及激励方案中相关指标如激励比例、行权价格、有效期、业绩指标等不明确或缺失的样本，最后得到 203 家有效样本公司。激励方案指标来源于国泰安数据库，相关财务指标来源于国泰安和锐思数据库，部分遗漏的查询于巨潮资讯网。

二、股权激励实施情况的描述性统计

1. 总体现状

本章数据来自国泰安数据库中国上市公司治理结构部分股权激励情况实施文件。从 2008 年 1 月 1 日到 2014 年 12 月 31 日，我国共有 607 家上市公司公布并实施了股权激励计划，发布的股权激励预案达 1257 份。144 家上市公司中途终止或取消了股权激励计划。

表 4 - 1 是关于上市公司各年度公布的股权激励预案数，实施中、实施完成、取消及已进行奖励的综合概览。从中可以看到 2008 年公布的股权激励方案数为 64 份，而取消激励计划的方案数为 38 份；2009 年公布的股权激励预案数为 36 份，取消的激励计划为 21 份。这两年取消的股权激励计划数相对于公布的预案数，可以说是比较多的。这可能与证监会加强股权激励监管活动有关。2008 年证监会公布股权激励相关事项备忘录 1 号和 2 号，指出上市公司公布股权激励方案应避免的重大事项、激励对象的限制范围、

业绩考核的相关指标等。股权激励相关事项备忘录3号则对股权激励计划的变更与撤销、行权或解锁条件、行权安排问题、激励对象合理性问题做了严格规定。与上述备忘录要求不符的激励草案均被按规定修改，已实施但不符合规定的被要求中止实施。此外，这一年金融危机的爆发也使得一些已公布股权激励方案的公司不再具备实施条件。导致2008年、2009年取消股权激励计划的上市公司激增。这也导致上市公司实施股权激励计划的推迟，并在2011年开始呈现爆发式增长。从2010年开始，取消的股权激励方案数相对于公布的预案数呈逐年下降趋势，可以说，上市公司对待股权激励计划开始逐渐理性，能够根据企业自身情况、行业形势、宏观经济及资本市场形势等公布有效的激励计划。

表4-1 上市公司公布的股权激励方案及实施情况年度分布

进度＼时间	2008	2009	2010	2011	2012	2013	2014
预案	64	36	121	219	254	350	213
实施中	27	23	42	68	184	407	367
实施完成	11	8	11	21	28	41	33
取消	38	21	5	27	33	22	20
已进行奖励	4	3	9	9	34	53	41

从表4-1中可以发现，实施中的股权激励计划呈逐年增加趋势，从2013年开始实施中的激励计划开始超过公布的预案数。这可以从侧面说明上市公司的理性，公布以后确保了后续的实施，并加强了这方面的信息披露，当然这也不排除是为了在资本市场带来利好信息所为。

从表4-1中还可以发现，实施完成的计划数并不是特别多。这是因为股权激励计划的长期性，我国大多数上市公司公布预案中规定的有效期为4~7年，这当中的等待期导致实施完成的激励计划并不多。

值得注意的是，激励计划实施完成并进行奖励的情况在2011年以前并不是很多，2011年以后情况才有所改观。这其中一方面是由于2008年前后，各方面的法律法规政策环境尚不成熟，加之股权激励引入我国时间并不长，导致上市公司对此不够熟悉，具体实施并完成奖励的并不理想；另一方面，可能与上市公司对相关信息披露不充分有关。近几年来，上市公司对股权激励计划具体操作流程开始熟悉起来，资本市场的逐渐成熟也要求上市公司加强这方面的信息披露，加之早期激励计划的完成及兑现相对集中，引发 2011 年开始进行奖励的方案数目迅速增加。

2. 实施股权激励上市公司主体分布情况

（1）IPO 时间分布。本书把实施股权激励计划的公司按照 IPO 年度进行了比较，如图 4－1 所示。从图中曲线整体走势来看，发布股权激励预案的上市公司数随着 IPO 年份的延后越发出现增加趋势。也就是说，公司上市越晚越倾向于进行股权激励。其中有个别年份还是有特殊情况，如 2005 年股票上市的公司中只有 4 家进行了股权激励计划，这可能是因为 2005 年启动的股权分置改革导致新上市的公司数急剧减少，进而符合监管层文件要求的激励方案数相对锐减；2013 年上市的公司仅有 1 家（000333 美的集团）公布了股权激励方案；2014 年上市的公司有 12 家公布了股权激励方案。这可能是因为本书数据仅统计到 2014 年年底，靠近这个时间点上市的公司发布股权激励方案准备时间不是很充足。除了这几个特殊年份，整体来说"上市年份越迟实施股权激励积极性越高"这个趋势性结论是成立的。

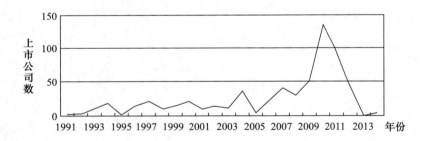

图 4－1　公布股权激励计划的上市公司股票上市年度分布

（2）上市板块分布。从表 4－2 可以看出沪深主板 A 股共有 192 家上市公司公布或实施了股权激励计划，占沪深 A 股全部上市公司 25.2%；中小板有 245 家上市公司实施了股权激励计划，约占中小板上市公司 33.9%；创业板有 170 家上市公司实施了股权激励计划，占比 41.9%。中小板和创业板实施股权激励的上市公司比例明显高于沪深主板。而中小板和创业板上市公司大多处于企业发展周期中的成长期，沪深主板相对而言处于成熟期的上市公司较多，这表明处于成长期的上市公司更偏向于股权激励。从上述分析可以看出越晚上市的公司和中小板上市公司相对而言更青睐股权激励，而这两者大多处于企业生命周期的成长期阶段，这说明股权激励与企业生命周期关联性较强。

随着企业生命周期的不断演进发展，企业的经营管理人员需要对管理方法进行不断权变调整，以期满足企业不同时期的发展需求。同样，作为企业经营管理制度的重要组成部分，股权激励制度企业在企业不同生命周期阶段所要达到的目标有所不同。相应地，股权激励方案中各细化指标的制定与落实也应区别对待。成长期的上市公司大多发展潜力大，同时资金情况不如成熟期充裕，而股权激励对上市公司的现金压力相对较小。且成长期的上市公司关键是留住人才，吸引人才，股权激励模式的长期性很好地契合了上市公司追求长远价值发展的诉求。

表 4 - 2　发布股权激励计划的上市公司板块分布表

股权激励公司上市板块	该板块公布股权激励方案公司数目	在该板块上市公司总数目	实施股权激励公司占比
上证主板 A 股	135	1008	0.134
深证主板 A 股	57	483	0.118
中小板	245	722	0.339
创业板	170	406	0.419

（3）股权属性分布。本书按公布并实施股权激励的上市公司最新公布的实际控制人属性对这些上市公司的产权属性进行了划分。由于某些上市公司在研究时间段内实际控制人几经变更，本书以上市公司最新公布的实际控制人信息为准。此外，有两家上市公司（000012 南玻 A）、（000612 焦作万方）无实际控制人。具体如图 4 - 2 所示。

从图 4 - 2 可以看出，相比国有上市公司（104 家，占比 17.13%），民营上市公司实施股权激励计划的积极性更高（492 家，占比 81.05%）。民营公司占比更大的原因首先可能是其更注重以薪酬激励管理层努力工作，管理层的努力程度很大程度上决定了自己的待遇水平，管理层只有让公司股价、绩效水平有良好表现才能提升自身待遇与财富水平。而国有上市公司管理层相对而言会有更多隐性福利，如政治升迁。其次，国有上市公司一直存在内部人控制、监督者缺失等问题，造成管理层在职消费水平居高不下且难以披露。最后，国资委对国企实施股权激励一直很谨慎，导致董事会推行不积极，而针对民营上市公司股权激励计划的审批程序则相对简单。

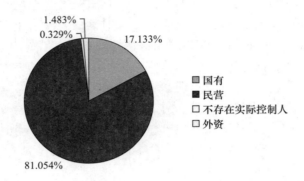

图4-2　公布股权激励方案的上市公司股权属性分布图

（4）行业属性分布。在国外，实施股权激励的上市公司多数集中在人力资本密集型行业。在我国，企业制定并实施股权激励制度不仅是为了解决委托代理问题，更是对生产经营结构和人际关系结构所做出的均衡，并随着企业的生产经营结构改变而进行相应调整。由于传统行业和高科技行业在这两种结构上存在差别，因而对股权激励的诉求也有所不同。相较传统行业企业，高科技行业企业成长性高、多元性低、存在一定风险性，通过股权激励不仅能促进被激励对象努力工作，也一定程度上分散了企业的经营风险。

本书按照中国证券监督管理委员会（以下简称"证监会"）2012年公布的上市公司行业分类标准对公布股权激励预案的607家上市公司按行业进行了统计，如表4-3及表4-4所示。从中可以看到，制造业上市公司在样本总体中占了绝大多数，为423家；其次是信息技术服务业。按照制造业进行细分，计算机、通信和其他电子设备、电气机械和器材、医药、化学原料及化学制品等制造业公司等占了较大比重。从中可以发现实施股权激励的上市公司大多为资本密集型、技术密集型和人力资本对公司运作起重要作用的行业和公司，这些公司的业绩相比较劳动密集型企业更多依赖管理层的综合管理能力、科研人员的研发以及市场营销人员的销售拓展，这些人员也正是股权激励计划通常涉及的被激励对象，因而能较好地激发他们的工作热情，实现企业与自身共同向前发展。

表4－3 实施股权激励上市公司行业属性分布表

所属行业	公司数目	所属行业	公司数目
制造业	423	电力、热力、燃气及水的生产和供应业	4
信息传输、软件和信息技术服务业	68	水利、环境和公共设施管理业	4
房地产业	27	综合	4
批发和零售业	20	租赁和商务服务业	4
建筑业	15	卫生和社会工作	3
农、林、牧、渔业	11	文化、体育和娱乐业	3
科学研究和技术服务业	7	采矿业	2
交通运输、仓储和邮政业	5	金融业	1
居民服务、修理和其他服务业	5	住宿和餐饮业	1

表4－4 实施股权激励计划上市公司制造业细分表

制造业细分行业类别	公司数目	制造业细分行业类别	公司数目
计算机、通信和其他电子设备制造业	82	食品制造业	7
电气机械和器材制造业	57	有色金属冶炼和压延加工业	6
医药制造业	45	造纸及纸制品业	5
化学原料及化学制品制造业	44	家具制造业	4
专用设备制造业	36	文教、工美、体育和娱乐用品制造业	4
铁路、船舶、航空航天和其他运输设备制造业	20	黑色金属冶炼及压延加工业	3

制造业细分行业类别	公司数目	制造业细分行业类别	公司数目
纺织业	14	化学纤维制造业	3
金属制品业	14	木材加工及 木、竹、藤、棕、草制品业	3
非金属矿物制品业	13	酒、饮料和精制茶制造业	2
农副食品加工业	13	汽车制造业	2
通用设备制造业	12	石油加工、炼焦 及核燃料加工业	2
橡胶和塑料制品业	10	印刷和记录媒介复制业	2
仪器仪表制造业	10	纺织服装、服饰业	1
其他制造业	8	皮革、毛皮、羽毛及 其制品和制鞋业	1

而排名在后的石油加工、炼焦及核燃料加工业等，这些行业更多依赖区位优势、资源优势和垄断优势等，公司的业绩与价值增长和管理层及员工的工作积极性关系不明显，难以发挥股权激励的特点；此外，家具、文具、纺织类、文化类等企业数目也较少，这类公司更多依赖人力成本优势，公司业绩表现取决于用工成本、规模生产，股权激励优势难以充分发挥导致实施的公司明显较少。

3. 股权激励方案特征分布情况

（1）激励模式分布情况。通过查阅我国上市公司股权激励方案细则，发现多采用股票期权、股票增值权、限制性股票模式等。

股权期权是指预先授予激励对象一种期权，使其在各方面情况符合契约规定时能以给定价格购买本公司部分股票，这里的规定包括：首先，要达到激励计划规定的业绩指标；其次，需要一定的等待时间（一般为 2～3 年）；最后，激励对象在此期间没有离职及违法违规事件。激励对象行权收益的多少与行权时公司股价息息相关，股票期权合约设计时就应确定合理的行权价格。同证券市场的期权相类似，激励对象在规定时间内有权根据股价情况自由选择行权与否。行权时的股票市价与行权价之差就是被激励对象的收益，因而若未达成目标，被激励对象可以放弃行权。

股票增值权是指激励对象在未来规定时间达成约定业绩目标时获得规

定数量股票升值收益的权利，兑现的方式包括股票、现金或两者组合。股票增值权不影响公司资本结构和所有权结构，不涉及股票来源问题，操作模式简单。其不足在于激励对象无法获得真实的股票，心理预期难以达到；股票增值权因其现金来源于公司的奖励基金，会对公司产生较大的现金支付压力。

限制性股票是指上市公司预先授予激励对象一定股权或股票，激励对象只有在公司业绩达标或在职年薪符合契约规定时才可以处置股票，获得收益。这里的限制性体现在高管持有股票期间不得随意处置股票，不得有违规离职事件，在出售股票时要综合考虑业绩指标考量。

表4-5是关于我国上市公司公布的激励方案中激励模式的分析。这里探讨的激励方案特征限于上市公司公布的股权激励计划草案，实施中的、实施完成的、进行回购进行奖励的以及取消激励计划的方案不在研究之中，这是因为实施中及完成的很可能是发布预案后续实施的，加入考虑的话会造成重复计量；表4-5中没有出现混合模式，这是因为本书没有按采取激励方案的上市公司方式进行总结，而是按照所有上市公布的激励方案进行了综合。从表4-5可以看到我国上市公司多数采用股票期权和限制性股票模式，从方案数目来看，两者差距不大，较少采用股票增值权。

表4-5　上市公司公布的股权激励方式分布表

激励方式	方案数目
股票期权	676
限制性股票	545
股票增值权	20
合计	1241

股票期权通过赋予高管层获取企业剩余收益索取权实现高管的自我约束，实现了管理层与公司长远利益的一致性；且股票期权到期期限较长（5~10年），可以将激励对象与公司长远发展进行"捆绑"，避免其短视行为；同时管理层未达成目标可放弃行权，不会造成公司的现金支出，激励成本较低。限制性股票注重对被激励对象的考核和约束，在行权有效期内

被激励对象虽持有股票，但不能处置出售。限制性股票所附加的多种条件也很适应我国当前法制体系、信用建设尚待进一步完善的政策与市场环境。由于这两种激励模式的成熟性、较低的现金成本支出、较长的考核期，备受我国上市公司青睐。

（2）激励标的物来源分布情况。从图4-3中可以看到，我国股权激励中股票的来源主要是上市公司向激励对象定向发行股票，共计1201份预案，占到了总样本96.777%；回购流通股获得标的股票的激励预案仅17份，只占总样本1.37%；大股东转让给上市公司的仅有3份，占总样本0.242%。这其中是因为相对A股回购而言定向发行股票不涉及现金流出，对上市公司不会构成较大现金压力；且定向发行本质上就是再融资，符合我国上市股权再融资偏好倾向。

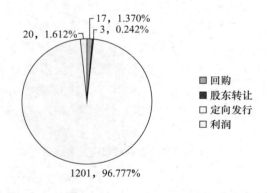

图4-3　上市公司股权激励计划中股票来源分布图

除了规定上述三种标的股票来源问题，中国证监会还规定，股东和被激励对象不得直接发生赠与或转让股份，必须由上市公司以某一价格回购股份，再按照已通过证监会审核的激励计划在一年内授予给被激励对象。也就是说股东转让的股份，需要先以赠与（转让）的方式归为上市公司所有，再由上市公司按照激励计划对激励对象进行授予。

（3）激励比例分布情况（见表4-6）。从表4-6可以看出，我国上市公司公布的股权激励预案中激励比例普遍偏低，以1%～4%为主体，占比61%；1%以下的占比19%；4%～7%的占比17%；超过7%的仅占3%。公布的激励方案中激励比例大多数集中在4%以下。

表4-6 上市公司公布的股权激励比例分布表

激励比例（%）	方案数	方案数占比（%）
<1	234	19
1~4	762	61
4~7	213	17
>7	32	3

我国证监会规定上市公司通过股权激励计划授予的股票合计必须在公司总股本10%范围内，同时单个激励对象从所有激励计划中被获得的股权总额必须限制在总股本的1%以内。激励比例过低，无法发挥应有的激励效果；但是激励比例过高，则会导致股权激励由"金手铐"演变成"金手表"，有可能激励变成单纯的福利。另计算得激励比例均值为2.718%，与证监会规定的10%上限尚有更多实行空间，说明我国上市公司公布的股权激励计划普遍存在激励比例过低，可能达不到理想的实施效果；另外也说明大多数上市公司并没有一次用完规定比例限额，为以后的激励计划留有足够空间。

（4）被激励对象分布情况。我国证监会规定，股权激励实施对象包括董事、监事、高管、核心技术人员等，但独立董事不在其中。从我国上市公司具体实践来看，激励对象主要包括董事、监事（已被2008年证监会备忘录禁止）、高层中层管理人员、核心技术人员、关键岗位的骨干员工、被提名的有突出贡献的员工、参股公司负责人、招聘的特殊人才等九类具体人员。

图4-4根据国泰安数据库上市公司治理结构研究库中股权激励授予明细表绘制而得。从中可以看出，我国股权激励实施对象多数集中在500人以下规模，其中又以0~100人、100~200人人数为主。从整体的实施情况来看，股权激励大部分仍集中在管理层，尚未惠及更多的公司普通员工。特别值得注意的是，通过巨潮资讯网相关详细公告查得中兴通讯（000063）于2008年第一期股权激励计划预留标的股票授予对象达3435人、于2009年第一次授予第一次解锁第一次调整授予对象到3274人、于2010年第一次授予第二次解锁授予对象达3241人，涵盖高管、中层管理人员、技术销售核心骨干，涉及人数多、面广，让企业中更多人参与到企业发展中并获得自身收益增加，可以说是众多激励方案中的典范。

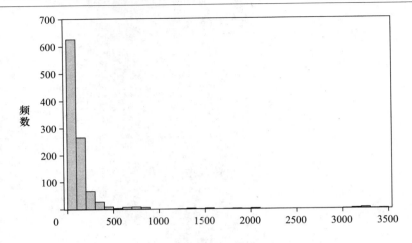

图 4 – 4　上市公司股权激励计划被激励对象人数分布图

此外，我国证监会还明确指出持股比例在 5% 以上的主要股东或公司实际控制人原则上不得作为被激励对象，因为他们和上市公司其他高管有着本质的不同。从投资者角度来看，上市公司通过股权激励计划赋予高管一定股份使其与股东的利益趋同，能够促使高管勤勉尽职，为公司持久发展尽心尽力。而持股比例较大的股东通过直接或间接持有上市公司股权，一定程度上扮演了"主人翁"角色，其自身利益与上市公司长远发展是相"捆绑"的，并不需要通过股权激励来激发动力。

（5）激励有效期分布情况。具体包括行权限制期和行权有效期。证监会规定从授予日到首次可行权日之间的时间段（限制期）不得少于 1 年；同时规定行权授予日到权利消失日之间的时间间隔（权有效期）不超过 10 年，具体跨度由上市公司自行把握；从超过激励方案规定的有效期后，行权不再有效。

股权激励实施有效期越长，公司股价、业绩指标受管理者操纵的可能性越小，对管理者的约束、监督效果也越好；同时股票增值的概率增大，因而激励对象的潜在收益随之放大。

图 4 – 5 是笔者根据国泰安数据库股权激励实施文件，按照股权激励预案中规定的行权有效期整理得出。从图 4 – 5 可以看出，我国上市公司公布的股权激励预案规定的行权有效期多数集中在 4 ~ 5 年。另计算得其均值为 4.7 年，中位数 4.5 年，最大值 10 年，最小值 2 年。表明股权激励的中长

期性，4~5 年的有效期能够有效激发被激励对象的工作热情，实现公司长远价值增长。

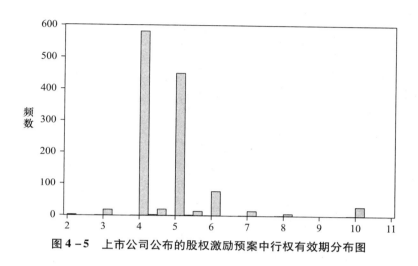

图 4 - 5 上市公司公布的股权激励预案中行权有效期分布图

三、股权激励对上市公司价值影响的行业差异性实证分析

1. 实证模型

广义上，企业价值可视为企业劳资分配的财富基础，而托宾 Q 值是衡量上市公司价值的重要指标。为此，本书以托宾 Q 值为被解释变量，以股权激励模式①、股权激励比例、行权价格和行权有效期为解释变量，以公司资产负债率、最大股东持股比例、公司规模（自然对数值）、无形资产／总资产比例和主营业务利润增长率为控制变量建立如下多元线性回归模型②：

托宾 Q 值 = β_0 + β_1（股权激励模式）+ β_2（股权激励比例）+ β_3（行权价格）+ β_4（行权有效期）+ β_5（公司资产负债率）+ β_6（最大股东持股比例）+

---

① 为虚拟变量，激励模式为股票期权和股票增值权模式时为 1，限制性股票模式时为 0。

② 出于股权激励的长期效应考虑，本书引入了期间平均值 $\overline{X}_i = \dfrac{\sum\limits_{t=1}^{n} X_{i,t}}{n}$ 概念。

β_7[公司规模(自然对数值)] + β_8(无形资产/总资产比例) + β_9(主营业务利润增长率) + μ
$$(4-6)$$

(1) 变量描述性统计结果与分析（见表4-7）。表4-7显示，样本公司实施股权激励后托宾Q值最大为11.949，最小为1.054，均值为2.997；激励比例最大为10%（也是中国证监会相关法规规定的最大值），最小为0.147%，均值为3.354%，普遍较低；虚拟变量均值为0.525，即样本公司实施股票期权、股票增值权的约占52.5%；激励方案有效期最大为10年，最小为3年，均值为4.837年；资产负债率最大为76.86%，最小为7.52%，说明样本公司的资本结构存在很大差异；公司规模均值21.367，且和最大最小值差距不大，这和使用公司规模对数有一定关系；第一大股东持股比例最大0.806，最小0.065，极值差距明显，但标准差不大，总体差异不明显。

表4-7　主要变量描述性统计表

变量	均值	最大值	最小值	标准差	样本个数
托宾Q值	2.997	11.949	1.054	1.755	203
股权激励比例	3.354	10	0.147	2.015	203
股权激励模式	0.525	1	0	0.501	203
行权有效期	4.837	10	3	1.182	203
公司资产负债率	31.007	76.855	7.52	19.056	203
公司规模（自然对数值）	21.367	23.382	19.722	0.848	203
最大股东持股比例	0.347	0.806	0.065	0.143	203
主营业务利润增长率	0.261398	3.6715	−1	0.456589	203
无形资产/总资产比例	0.04681	0.609568	0	0.060716	203

(2) 回归结果与分析。本章以2008～2014年期间203家有效样本分别进行整体和分行业回归分析后得到了如下回归结果（见表4-8）：

表4-8　股权激励对公司价值影响的多因素回归结果表

样本类型	全样本	知识密集型行业	资本密集型行业	劳动密集型行业
样本数量	203	120	49	34
常数项	22.28	14.79	19.40	0.47

续表

样本类型	全样本	知识密集型行业	资本密集型行业	劳动密集型行业
股权激励模式	1.27 ***	1.342 **	−0.605	0.46
股权激励比例	−0.07	0.13	0.21 **	0.07
行权价格	0.45 ***	0.97 ***	0.23	0.20 **
行权有效期	0.10 ***	0.16 ***	0.03	0.04 *
公司资产负债率	−0.03 ***	−0.05 ***	−0.01	−0.01
最大股东持股比例	−1.42	−1.37	−1.66	1.39 *
公司规模（自然对数值）	0.90 ***	0.60 **	0.80 ***	0.02
无形资产/总资产比例	5.66 **	6.09 **	7.70 **	6.74 ***
主营业务利润增长率	0.04	0.82 *	0.37	0.18 ***
拟合优度 R^2	46.30%	51.40%	51.10%	76.10%
调整后拟合优度 R^2	43.80%	47.40%	39.80%	67.10%
DW 值	1.91	2.09	1.89	2.05

注：＊＊＊、＊＊、＊表示在1％、5％、10％水平下显著

　　从表4-8可以看出，第一，调整后的拟合优度最高为67.10%，最低为39.80%，总体来说，解释变量对公司价值具有较强解释力。第二，总体样本回归方程中，股权激励比例解释变量无显著统计意义，而行权有效期、行权价格、股权激励模式等解释变量均在1%水平下显著正相关，说明总体上股权激励对公司价值产生了非常明显的积极效果；控制变量中公司资产负债率1%水平下显著负相关，公司规模和无形资产/总资产比例分别在1%、5%水平下显著正相关，而最大股东持股比例和主营业务利润增长率无显著统计意义。第三，从分行业回归情况来看，实施股权激励对知识密集型行业的公司价值作用效果最为突出，得到的结论和总体样本相类似，股权激励模式与公司价值在5%水平下显著正相关，特别是股票期权和股票增值权模式对公司价值的影响更是要明显优于限制性股票模式。相对而言，资本密集型行业实施效果不是特别明显，仅有股权激励比例解释变量在5%水平下显著正相关，公司规模、无形资产/总资产比例分别在1%、10%水平下显著正相关，其他解释和控制变量均无显著统计意义。劳动密集型行业行权价格和行权有效期两个解释变量分别在5%、10%水平下显著正相关，无形资产/总资产比例和主营业务利润增长率均在1%水平下显著正相

关，其他解释和控制变量均无显著统计意义。

（3）稳定性检验。本章选定平均净资产收益（AROE）率作为被解释变量对总体样本进行稳定性检验，结果如表4-9所示。从中可以看到，激励比例仅在总体样本和技术密集型行业回归中较为显著；激励模式在劳动密集型行业不显著；行权有效期在资本密集型行业不显著；行权价格仅在总体样本中5%水平下显著。稳定性检验中，激励比例变量出现了一定的显著性，这可能是股权激励发挥了短期刺激公司业绩变好的原因，和对公司长期价值影响较弱并不矛盾。综合来看，使用 AROE 进行稳定性检验的结果与使用托宾 Q 值进行分析大致相似。

表4-9 股权激励对公司价值影响稳定性检验结果表

样本类型	总体	资本密集型	技术密集型	劳动密集型
样本数量	203.000	49.000	120	34.00
C	-134.564	-130.165	-41.599	-21.655
股权激励比例	1.455 ***	0.164	0.540 *	-0.697
股权激励模式	5.352 ***	7.882 *	4.223 ***	6.386
行权有效期	2.282 ***	0.683	2.210 ***	2.096 *
行权价格	0.534 **	0.225	-0.191	0.040
公司资产负债率	-0.455 ***	-0.256 ***	-0.127 ***	0.085
最大股东持股比例	-1.557	-23.637 **	-1.370	-0.320
公司规模（自然对数值）	6.588 ***	6.624 ***	2.130 ***	0.721
主营业务利润增长率	2.404 ***	9.818 ***	2.529 **	12.992 **
无形资产/总资产比例	0.801	41.892	-1.203	-32.855
拟合优度 R^2	0.703	0.691	0.323	0.604
调整拟合优度 R^2	0.689 ***	0.620 ***	0.267 ***	0.455 ***
DW 值	2.065	2.024	1.921	2.074

注：***、**、*表示在1%、5%、10%水平下显著

2. 股权激励对物质资本股东收益影响的行业差异性实证分析

（1）实证模型。以每股期间收益和市值增加值作为物质资本股东收益的衡量指标。其中，市值增加值为股权激励实施滞后年份市值减去实施前一年市值指标，再扣除当年行业市值增加值均值，市值的计算以年末最后

一个交易日收盘价为准。实证分为两部分：其一，对每股期间收益影响采用多元线性回归模型，解释变量和控制变量同前文（回归结果见表4－10）；其二，对市值增加值影响采用股权激励计划实施前后市值增加值进行对比和 T 检验。

（2）股权激励对每股期间收益影响的行业差异性实证分析。从表4－10中可以看到，第一，调整后的拟合优度最高为72.1%，最低为35%，总体来说，解释变量对每股期间收益具有较强解释力。第二，股权激励对每股期间收益影响的总体样本回归方程中，股权激励比例解释变量无显著统计意义，而行权有效期、行权价格、股权激励模式等解释变量均在1%水平下显著正相关，说明总体上股权激励对公司每股期间收益产生了非常明显的积极效果。第三，从分行业回归情况来看，实施股权激励对知识密集型行业的每股期间收益作用效果最为突出，各解释变量除股权激励比例无显著统计意义外，均呈现出较好的显著性，具体为，行权有效期与每股期间收益在5%水平下显著正相关，股权激励模式和行权价格等解释变量与每股期间收益均在1%水平下显著正相关。而资本密集型和劳动密集型样本的回归结果不是很好，其中，资本密集型行业各股权激励解释变量均未呈现显著统计意义，劳动密集型行业各解释变量除股权激励比例在10%水平下显著正相关外，均未呈现显著统计意义。

表4－10　股权激励对每股期间收益影响的多因素回归结果表

样本类型	全样本	知识密集型行业	资本密集型行业	劳动密集型行业
样本数量	203	120	49	34
常数项	－ 3.58	－ 2.46	－ 3.51	－ 1.03
股权激励模式	0.18 ***	0.25 ***	0.07	0.33 *
股权激励比例	0.020	0.004	0.006	－ 0.004
行权价格	0.19 ***	0.15 ***	－ 0.02	－ 0.01
行权有效期	0.03 ***	0.02 **	0.01	0.01
公司资产负债率	－ 0.01 ***	－ 0.01 ***	－ 0.004	－ 0.003
最大股东持股比例	0.03	0.03	0.02	－ 0.03
公司规模（自然对数值）	0.17 ***	0.10 ***	0.19 ***	0.07
无形资产/总资产比例	－ 0.17	－ 0.96	0.20	0.30

续表

样本类型	全样本	知识密集型行业	资本密集型行业	劳动密集型行业
主营业务利润增长率	0.01*	0.17***	0.23**	− 0.05*
拟合优度 R^2	73.4%	68.0%	47.0%	60.2%
调整后拟合优度 R^2	72.1%	65.4%	35.0%	45.2%

注：***、**、*表示在1%、5%、10%水平下显著

（3）股权激励对公司市值增加值影响的行业差异性实证分析。实施前一年与滞后一年的成对样本的市值增加值影响行业差异性实证结果与检验（见表4－11和表4－12）。表4－11显示各样本市值增加值指标为负，说明股权激励实施当年都出现了非常明显的市值增加值冲高，然后在 n + 1 年开始出现回落，但回落的幅度存在一定的行业差异性。对于全样本、知识密集型和资本密集型上市公司，股权激励实施滞后一年的市值增加值的绝对值都小于股权激励实施前一年，说明实施股权激励都产生了比较好的公司市值增长效果，其中知识密集型上市公司的市值增长效果尤为显著。对于劳动密集型行业上市公司，股权激励实施滞后一年公司市值的回落幅度为81.2亿元，而股权激励实施当年的公司市值增加值仅增长66.9亿元，股权激励实施滞后一年公司市值最终比实施前一年减少14.3亿元，说明股权激励对其市值增加值变化并未产生积极影响。

表4－11　股权激励对市值增加值影响（前后1年）的描述性统计表

单位：百万元

	年限	均值	N	标准差	均值的标准误
全样本	n + 1	− 3820	193	11500	828
	n − 1	− 6100	193	16000	1150
知识密集型行业	n + 1	− 2990	114	8920	835
	n − 1	− 6250	114	16200	1520
资本密集型行业	n + 1	− 2780	46	7170	1060
	n − 1	− 5290	46	15500	2280
劳动密集型行业	n + 1	− 8120	33	20400	3560
	n − 1	− 6690	33	16300	2830

从表 4 - 12 可以看出，全样本和知识密集型行业上市公司 n + 1 年剔除行业影响的市值水平相对 n - 1 年市值表现，体现出增加趋势，并通过了 T 检验。而资本密集型行业和劳动密集型行业上市公司 n + 1 年剔除行业影响的市值水平相对 n - 1 年市值表现，分别呈增加和减少趋势，但这种趋势没有通过 T 检验。

表 4 - 12　股权激励对市值增加值影响（滞后 1 年）成对样本 T 检验表

单位：百万元

	年限比较	均值	标准差	均值的标准误	t	df	Sig.（双侧）
全样本	（n + 1） - （n - 1）	2280	14600	1050	2.171	192	0.031
知识密集型行业	（n + 1） - （n - 1）	3250	16000	1500	2.165	113	0.032
资本密集型行业	（n + 1） - （n - 1）	2510	14200	2100	1.195	45	0.238
劳动密集型行业	（n + 1） - （n - 1）	- 1430	7790	1360	- 1.052	32	0.301

实施前一年与实施后（分别滞后二年和滞后三年）成对样本的市值增加值影响行业差异性实证结果与检验。考虑到股权激励的长期性和效应发挥的相对滞后性，本书分别将股权激励实施后的（n + 2）和（n + 3）年市值增加值与实施前（n - 1）年进行对比和 T 检验（见表 4 - 13）。表 4 - 13 显示：第一，全样本上市公司实施股权激励后的（n + 2）年市值水平较（n - 1）年增长 42.1 亿元，而表 4 - 12 表明（n + 1）年市值水平较（n - 1）年增长 22.8 亿元，可见（n + 2）年与（n + 1）年相比出现了第二次冲高，但（n + 3）年出现小幅回落。第二，知识密集型行业上市公司实施股权激励后市值呈现明显的连续增加趋势，并通过了 T 检验。第三，而资本密集型行业和劳动密集型行业上市公司市值都呈（n + 2）年冲高和（n + 3）年回落特征，特别是劳动密集型上市公司（n + 3）年市值更比（n - 1）年剧减 54.6 亿元，但这种冲高回落特征没有通过 T 检验。

表 4 - 13　股权激励对市值增加值影响（滞后 2 年与 3 年）成对样本 T 检验表

单位：百万元

	年限比较	均值	标准差	均值的标准误	t	df	Sig.（双侧）
全样本	（n + 2） - （n - 1）	4210	18100	1560	2.708	134	0.008
	（n + 3） - （n - 1）	3460	18300	1840	1.88	98	0.063

续表

	年限比较	均值	标准差	均值的标准误	t	df	Sig.（双侧）
知识密集型	（n+2）－（n-1）	4070	19300	2130	1.908	81	0.06
	（n+3）－（n-1）	6500	18900	2460	2.64	58	0.011
资本密集型	（n+2）－（n-1）	4090	17000	3010	1.361	31	0.183
	（n+3）－（n-1）	2980	7900	1720	1.728	20	0.099
劳动密集型	（n+2）－（n-1）	4950	15100	3290	1.506	20	0.148
	（n+3）－（n-1）	-5460	22100	5070	-1.077	18	0.296

3. 股权激励对高管层收益影响的行业差异性实证分析

（1）实证模型。高管层收益包括传统意义上的薪酬收入以及股权激励行权时获得期权或限制性股票收入两部分。关于股权激励行权收入部分由于需要高管层在行权时公司业绩能够达到预定指标且其本人未离职和未发生违规事件。同时，上市公司在授予被激励对象行权资格后会有一定锁定期，锁定期结束后，高管层可在有效期（短则几个月，长则一两年）内随机选择一个相对较高的价格卖出所得股票获得奖励收入，因此高管层的激励计划收入数据难以真实获得。考虑到高管层通过激励计划获得一部分公司股票后，在物质资本股东收益增加的情形下也能按一定比例（通过股权激励获得的股权比例）获得部分物质资本股东收益，该部分收益变化情况在前文已进行了论证。因此，本书此处回归模型对高管层的股权激励行权收入不进行讨论，仅从前述物质资本股东收益整体上呈现增加趋势予以验证激励计划对其薪酬收入的影响。为进一步探求股权激励对高管层薪酬收入的影响，本书以高管层收入期间均值（取自然对数）为因变量，以股权激励比例为解释变量，以公司资产负债率、第一大股东持股比例、公司规模（取自然对数）、主营业务利润增长率和无形资产与总资产比例为控制变量建立如下多元线性回归模型：

高管层收入期间均值（取自然对数）$= \beta_0 + \beta_1$（股权激励比例）$+ \beta_2$（公司资产负债率）$+ \beta_3$（第一大股东持股比例）$+ \beta_4$［公司规模（取自然对数）］$+ \beta_5$（主营业务利润增长率）$+ \beta_6$（无形资产与总资产比例）$+ \mu$ （4-7）

（2）实施股权激励后高管层收入增长的行业比较。从表4-14可以看出，高管层收入均值前10名中有技术密集型企业4家，劳动密集型企业4家，资本密集型公司有2家；后10名中技术密集型企业6家，资本密集型企业 3 家，劳动密集型企业 1 家（星辉娱乐）。从比例上来看，实施股权激励后，劳动密集型行业高管层收入增加的公司较多；对于比较青睐股权激励的技术密集型行业，高管层收入前 10 名和后 10 名均有占据，一方面说明技术密集型行业实施股权激励公司较多，另一方面也说明技术密集型行业技术研发上的不确定性反映到公司业绩，也间接传递到高管收入的变化；资本密集型行业前 10 名和后 10 名公司数目差距不大，这可能与资本密集型行业的业绩主要依赖资本有关。

表 4 – 14　上市公司高管层收入均值的行业比较

高管层收入均值收入增长列前 10 位的公司			
股票代码	股票简称	所属行业	按要素密集程度分类
002415	海康威视	计算机、通信和其他电子设备制造业	技术密集型
002399	海普瑞	医药制造业	
600066	宇通客车	汽车制造业	
002527	新时达	电气机械及器材制造业	
002269	美邦服饰	纺织服装、服饰业	劳动密集型
000009	中国宝安	综合	
600597	光明乳业	食品制造业	
000568	泸州老窖	酒、饮料和精制茶制造业	
600507	方大特钢	黑色金属冶炼及压延加工业	资本密集型
002250	联化科技	化学原料及化学制品制造业	
高管层收入均值收入增长列后 10 位的公司			
002298	中电鑫龙	电气机械及器材制造业	技术密集型
002173	创新医疗	其他制造业	
300131	英唐智控	计算机、通信和其他电子设备制造业	
002174	游族网络	其他制造业	
600478	科力远	电气机械及器材制造业	
300059	东方财富	互联网和相关服务	
002078	太阳纸业	造纸及纸制品业	资本密集型
300121	阳谷华泰	化学原料及化学制品制造业	
300031	宝通科技	橡胶和塑料制品业	
300043	星辉娱乐	文教、工美、体育和娱乐用品制造业	劳动密集型

（3）实证结果与分析。本章以 2008～2014 年 203 家有效样本分别进行整体和分行业回归分析后得到了如下回归结果（见表 4-15）：

表 4-15　股权激励对高管层收入影响回归结果表

样本类型	全样本	知识密集型行业	资本密集型行业	劳动密集型行业
样本数量	203	49	120	34
常数项	10.861	-60.896	-140.140	62.522
股权激励比例	0.207***	1.253**	1.017*	-1.030***
公司资产负债率	0.003	-0.339***	-0.284***	0.170***
第一大股东持股比例	-0.073	-7.234**	-22.929*	12.626*
公司规模（取自然对数）	0.062	3.797***	7.343***	-2.582
主营业务利润增长率	0.035*	7.198***	9.596***	8.413**
无形资产与总资产比例	-0.815	-9.184	30.202	-58.815
拟合优度 R^2	0.316	0.347	0.612	0.593
调整后拟合优度 R^2	0.295	0.312	0.556	0.503

注：***、**、*表示在1%、5%、10%水平下显著

从表 4-15 可看出，第一，调整后的拟合优度最高为 55.6%，最低为 29.5%，总体来说，解释变量对高管层收入具有一定的解释力。第二，股权激励比例解释变量在全样本、知识密集型行业和资本密集型行业与高管层收入正相关，分别在 1%、5% 和 10% 水平下显著，而劳动密集型行业公司股权激励比例与高管层收入负相关，在 1% 水平下显著。第三，在控制变量与高管层收入关系中，全样本回归结果仅主营业务利润增长率与高管层收入正相关，在 10% 水平下显著，其他控制变量均无显著统计意义。知识密集型和资本密集型行业比较类似，公司规模和主营业务利润增长率变量与高管层收入正相关，在 1% 水平下显著，公司资产负债率与第一大股东持股比例都与高管层收入负相关，也表现出了较好的显著性。在劳动密集型行业公司资产负债率、主营业务利润增长率、第一大股东持股比例都与高管层收入正相关，分别比在 1%、5% 和 10% 水平下显著，其他控制变量均无显著统计意义。

4. 股权激励对普通员工收益影响的行业差异性实证分析

（1）实证模型。由于普通员工通常不是股权激励对象，不太适合用多

元回归方法来分析股权激励对他们的收益影响，本书拟对股权激励计划实施前后普通员工平均收入①进行对比和 T 检验分析。考虑到普通员工收入的即期性特点，本书仅做滞后一期分析。

（2）描述性统计结果与分析。从表 4 - 16 中可以看出，实施股权激励后一年（n + 1）与前一年（n - 1）普通员工收入有显著提升，其中知识密集型上市公司（n + 1）年度员工收入均值 94482.6，（n - 1）年度员工收入均值为 72906.2，收入增长相对而言表现最为明显且实施前后年份均值均为最大，这说明知识密集型行业实施股权激励对员工收入的改善是最为明显的。

表 4 - 16　股权激励对高管层收入影响回归结果表

	年限	收入均值（元）	样本数 N	标准差	均值的标准误
全样本	n + 1	87896.2	199	51635.9	3660.4
	n - 1	70280.4	199	62240.9	4412.1
知识密集型行业	n + 1	94482.6	104	53229.5	5219.9
	n - 1	72906.2	104	76957.7	7546.3
资本密集型行业	n + 1	76655.8	52	43015.0	5965.1
	n - 1	62025.3	52	29559.8	4099.2
劳动密集型行业	n + 1	85559.7	43	55720.7	8497.3
	n - 1	73912.5	43	50622.9	7719.9

（3）成对样本的相关性结果（见表 4 - 17）。从表 4 - 17 可以看出，股权激励实施后（n + 1）均值大于（n - 1），实施股权激励对员工收入确有改善，但不同要素密集程度行业改善效果却呈现一定差别。具体而言，技术密集型行业收入提升最多，实施前后联系最弱；劳动密集型行业提升效果最弱，实施前后联系居中；资本密集型行业提升效果居中，前后联系最强。这些特点不无反映了不同要素密集程度行业实施股权激励对员工收入的不同影响。

---

① 由于上市公司发布的财务报表中没有直接披露员工收入，本书通过公式"员工薪酬收入 =（期末应付职工薪酬 - 期初应付职工薪酬 + 支付给职工以及为职工支付的现金）/上市公司员工总数"来得到员工的平均收入。

表4-17　股权激励的普通员工收入分配效应成对样本相关系数表

	年限对比	N	相关系数	Sig.
总体	（n+1）-（n-1）	199	0.569	0
劳动密集型	（n+1）-（n-1）	43	0.724	0
资本密集型	（n+1）-（n-1）	52	0.886	0
技术密集型	（n+1）-（n-1）	104	0.504	0

（4）股权激励对普通员工收益影响的行业差异性成对样本的 T 检验（见表4-18）。从表4-18可以看出，股权激励实施后（n+1）年度均值大于（n-1）年度，实施股权激励对员工收入确有改善，但不同要素密集程度行业改善效果却呈现一定差别。具体而言，知识密集型行业收入提升最多，劳动密集型行业提升效果最弱，资本密集型行业提升效果居中。

表4-18　股权激励的普通员工收入分配效应成对样本 T 检验表

	年限比较	均值（元）	标准差	均值的标准误	t	df	Sig.（双侧）
全样本	（n+1）-（n-1）	17615.8	53705.5	3807.1	4.627	198.000	0.000
知识密集型行业	（n+1）-（n-1）	21576.3	68041.7	6672.0	3.234	103.000	0.002
资本密集型行业	（n+1）-（n-1）	14630.5	21696.4	3008.7	4.863	51.000	0.000
劳动密集型行业	（n+1）-（n-1）	11647.2	39819.9	6072.5	1.918	42.000	0.062

（5）实施股权激励后员工收入增长的行业比较。笔者根据员工平均收入增长率＝［（n+1）期员工收入-（n-1）期员工收入］/（n-1）期员工收入，计算出员工收入增长率列前10位和后10位的公司，并按照其所属行业要素密集度进行归类，如表4-19所示。从中可以看到，员工收入增长率前10位公司中，技术密集型公司有7家，资本密集型公司2家，劳动密集型公司1家；员工收入增长率后10位公司中，技术密集型公司6家，资本密集型公司1家，劳动密集型公司3家。这可能是因为：技术密集型行业更多依赖技术研发谋求发展，实施股权激励对核心研发人员进行激励以期更多地激发被激励对象更早更好出成果，但同时技术研发存在一定风险性，研发成功则公司出现较大发展，反之研发失败对业绩的影响也是明显的；

对公司绩效的影响反映到员工收入增长方面，排名前 10 位和后 10 位的公司数目都很多。

表 4 - 19　实施股权激励后员工收入增长的行业比较

股票代码	股票简称	所属行业	按要素密集程度分类
收入增长列前 10 位的公司			
002528	英飞拓	计算机、通信和其他电子设备制造业	技术密集型
300182	捷成股份	软件和信息技术服务业	技术密集型
300255	常山药业	医药制造业	技术密集型
002056	横店东磁	计算机、通信和其他电子设备制造业	技术密集型
300116	坚瑞沃能	其他制造业	技术密集型
002345	潮宏基	其他制造业	技术密集型
300059	东方财富	互联网和相关服务	技术密集型
600067	冠城大通	电气机械和器材制造业	资本密集型
300178	腾邦国际	商务服务业	资本密集型
002154	报喜鸟	纺织业	劳动密集型
收入增长列后 10 位的公司			
300131	英唐智控	计算机、通信和其他电子设备制造业	技术密集型
300079	数码视讯	计算机、通信和其他电子设备制造业	技术密集型
300142	沃森生物	医药制造业	技术密集型
300168	万达信息	软件和信息技术服务业	技术密集型
300152	科融环境	电气机械和器材制造业	技术密集型
002151	北斗星通	计算机、通信和其他电子设备制造业	技术密集型
002081	金螳螂	建筑装饰和其他建筑业	劳动密集型
002221	东华能源	批发业	劳动密集型
002482	广田集团	建筑装饰和其他建筑业	劳动密集型
002146	荣盛发展	房地产业	资本密集型

　　对劳动密集型行业来说，公司发展更多依靠更低用工成本、规模生产优势等因素，高管层的努力工作对公司绩效和价值增长影响有限，反映到员工收入方面排名前 10 位的公司中占有一席，排名后 10 位的公司中有 3 家，激励效果有限；结合前述高管层收入排名前 10 位公司中劳动密集型公

司占 4 家，高管层收入排名后 10 位公司中占 1 家，对劳动密集型行业实施股权激励的出发点本书倾向于认为是对高管层的福利；对资本密集型行业而言，公司绩效更多依赖资本投入，从员工收入增长排名来看，前 10 位和后 10 位占比都较少，差别不大。

第四节　本章小结

本章论证表明，股权激励制度的精髓在于通过"人"与"利"的有机结合，实现总量与分项财富增加值递增。理论上，股权激励可形成比较明显的总量财富动力，但具有很大的行业差异性，该差异与企业所拥有和掌控的软资源密切相关。其中，知识密集型企业的股权激励财富动力总量效果最为明显，远强于资本密集型和劳动密集型企业。至于资本密集型和劳动密集型企业的股权激励财富动力总量效果孰优孰劣没有定论，主要取决于具体企业的软资源含量和比重，软资源含量和比重高者胜出。在大体相同的情况下，资本密集型企业财富动力效果略好于劳动密集型企业。实证研究显示，我国上市公司股权激励的总量财富动力也呈现出明显的行业差异性，具体为知识密集型企业的股权激励总量财富动力最为明显，而资本密集型和劳动密集型企业虽在具体指标上各有千秋，但都呈现弱相关性特征。

股权激励的各分项财富动力也具有明显行业差异性，具体由股权激励的企业财富增加值总量差异与企业威权范式决定的内部分配结构差异叠加而成。

关键人力资本是股权激励的直接激励对象，理论上，其所有者是股权激励的最大受益者，但具有很大的行业差异性。其中，在知识密集型企业是"财富增加值总量大"与"所占财富增加值份额多"的叠加，注定其财富动力最强；至于其在资本密集型和劳动密集型企业的股权激励财富动力效果孰优孰劣难以做出准确判断。实证研究表明，知识密集型企业股权激励的关键人力资本所有者分项财富动力正显著，资本密集型企业次之，劳动密集型企业最弱。

物质资本股东名义上不是股权激励制度设计的激励对象，但可通过设置一定条件（如完成多少税后增加值、实现多少税后增加值复合增长率等），借助股份制公司的"同股同权"机制来搭乘股权激励"便车"受益，属于间接受益者。理论上，知识密集型企业的物质资本财富动力效果最明显，资本密集型企业次之，劳动密集型企业最弱。实证结果为：知识密集型企业的物质资本股东分项财富动力正显著，而资本密集型和劳动密集型企业不显著。

普通人力资本所有者是名副其实的分配弱势群体，在各类企业中都不是股权激励的制度覆盖对象，也不能借助"同股同权"机制来搭乘股权激励"便车"，总是收益最小者。理论上，普通人力资本所有者在各类企业中基本处于完全的支薪地位，劳动报酬形式固定是薪酬形式，如果说股权激励对他们能产生一定的财富动力效果，也只能是寄望于股权激励促进所在企业税后增加值大幅增加后的涨薪效应。理论上，知识密集型企业的普通人力资本分项财富动力效果（涨薪效应）无疑是最好的，至于资本密集型和劳动密集型企业的涨薪效应孰优孰劣并没有定论。实证研究表明，普通人力资本所有者收益在不同要素密集型行业中也确实都得到了一定提升，具体提升效果为：知识密集型行业收入提升最多，劳动密集型行业提升效果最弱，资本密集型行业提升效果居中。

股权激励总量与分项财富动力的巨大行业差异性说明并不是所有企业都适合引入股权激励，如所在企业属于知识密集型宜尽早推行，如属于资本密集型和劳动密集型则宜根据企业的软硬资源实情谨慎决策股权激励引入计划。股权激励总量与分项财富动力的行业差异性也提醒利益主体对待股权激励制度应有综合思维与理性判断。股权激励的实质是财富分配变革，在单维财富观下，各利益主体的收益最大化目标不可能同时满足，财富动力条件需要从单维求解转变为综合求解。只要股权激励能让各利益主体的收益绝对值增加，即使所分享的企业财富增加值比重有所减少，借助股权激励继续提高企业财富增加值就仍然是优先策略。

第五章 智力资本入股的劳资分配
效应案例研究

本章原拟运用大规模实证分别从人力资本、组织资本和关系资本入股来系统深入分析智力资本入股的劳资分配效应及其差异性，但在实际研究中发现，人力资本、组织资本和关系资本通过入股参与企业剩余分配在目前尚处于探索发展阶段，实证缺乏大容量的公开数据支持。鉴于此，本章最后无奈将大规模实证研究转而采用案例分析方法，选择有代表性的个例，通过解剖麻雀，分析智力资本入股的劳资分配具体效应。本章运用多个案例分析了智力资本参与企业剩余分配变革的收入效应，具体包括人力资本、组织资本和关系资本参与企业剩余分配变革的收入效应等。

第一节 人力资本入股对企业劳资收益影响的
案例分析

由于人力资本为无形资本及其自身特点和现实游戏规则原因，实践中，人力资本直接入股目前尚处于探索发展阶段。经权衡，本书选取了目前应用最为广泛的股权激励（实质是人力资本间接入股的重要实现形态）代表性个例来考察人力资本入股对企业劳资收益的具体影响。对于实施股票期权方案的劳资分配效果，本书具体从公司资方收益（表现为公司收益）和公司劳方收益（具体又细分为关键劳方即激励对象的收益和普通劳方两个收益）方面进行考察。

一、案例公司——青岛海尔简介

青岛海尔股份有限公司（以下简称青岛海尔），其前身为创立于1984年的青岛电冰箱总厂，1989年4月28日，改组成立青岛琴岛海尔股份有限公司。1993年7月1日更名为青岛海尔电冰箱股份有限公司。其主营业务为白色家电产品的研发、生产和销售，产品线覆盖冰箱冷柜、洗衣机、空调、热水器、厨房电器、小家电、U－home智能家居业务等。根据欧睿国际（Euromonitor）数据显示：在最近5年的评估中，青岛海尔公司连续被评为全球大型家电第一品牌。

二、方案实施

青岛海尔公司于2009年9月15日经中国证监会审核批准，施行首期股权激励，具体以定向发行股票方式拿出公司总股本的1.323%，相当于1771万份股票期权授予激励对象。

1. 股权激励对象及激励数额

表5-1显示，青岛海尔公司的首期激励计划的激励范围并非全覆盖，其具体激励对象都是公司高级管理人员和核心技术人员，即公司关键性的管理型人力资本所有者和技术型人力资本所有者。

表5-1 股权激励对象及激励数额

编号	姓名	职务	获授的股票期权数量（万份）	股票期权占授予股票期权总量比例（%）	标的股票占总股本比例（%）
1	杨绵绵	董事长	225	12.705	0.168
2	梁海山	副董事长、总经理	158	8.922	0.118
3	崔少华	副董事长	68	3.540	0.051
4	谭丽霞	董事	68	3.840	0.051
5	金道谟	副总经理	46	2.597	0.034
6	洪晓明	财务总监	28	1.581	0.021
7	明国珍	副总经理、董秘	28	1.581	0.021

编号	姓名	职务	获授的股票期权数量（万份）	股票期权占授予股票期权总量比例（%）	标的股票占总股本比例（%）
		核心技术（业务）人员（42人）	1150	64.034	0.859
	合计		1771	100	1.323

资料来源：根据青岛海尔公开披露信息整理绘制而成

2. 青岛海尔公司首期股票期权计划的行权规定

青岛海尔公司首期股票期权激励计划中的股票期权行权定价规则是：在股票期权激励计划草案公布前一个交易日收盘价（10.65元/股）和前30个交易日的平均收盘价（10.13元/股）中取取高者，并在此基础上上调0.23元。按此规则，青岛海尔公司首期股票期权的最终行权价格为10.88元。首期股票期权激励计划有效期为自股票期权授权日起五年。具体行权期安排如表5-2所示：

表5-2 青岛海尔首期股票期权计划的行权期安排

行权期	行权有效期	可行权数量占获授期权数量比例（%）
行权期（一）	自授权日起1年后的首个交易日至授权日起的5年内最后一个交易日当日止	10
行权期（二）	自授权日起2年后的首个交易日至授权日起5年内的最后一个交易日当日止	20
行权期（三）	自授权日起4年后的首个交易日至授权日起5年内的最后一个交易日当日止	30
行权期（四）	自授权日起5年后的首个交易日至授权日起5年内的最后一个交易日当日止	40

资料来源：根据公开披露信息整理绘制而成

行权时的企业业绩要求如表 5 - 3 所示：

表 5 - 3　行权期的公司业绩要求

行权期	行权条件必须同时满足的绩效指标
行权期（一）	①前一年度加权平均净资产收益率不低于10%； ②以 2008 年经审计的净利润为固定基数，公司 2009 年的经审计净利润较 2008 年度的增长率达到或超过 18%
行权期（二）	①前一年度加权平均净资产收益率不低于10%； ②以 2008 年末净利润为固定基数，公司 2010 年度经审计净利润 2008 年度的年复合增长率达到或超过 18%
行权期（三）	①前一年度加权平均净资产收益率不低于10%； ②以 2008 年末净利润为固定基数，公司 2011 年度经审计净利润 2008 年度的年复合增长率达到或超过 18%
行权期（四）	①前一年度加权平均净资产收益率不低于10%； ②以 2008 年末净利润为固定基数，公司 2012 年度经审计净利润 2008 年度的年复合增长率达到或超过 18%

资料来源：根据青岛海尔公开披露信息整理绘制而成

三、人力资本入股对企业资方收益的影响

1. 激励计划实施后与同行业的横向比较分析

（1）与公司同业净资产收益率平均水平的比较。具体如图 5 - 1 所示。

（2）与公司同业净利润增长率平均水平的比较。具体如图 5 - 2 所示。

从图 5 - 1 和图 5 - 2 不难看出，自 2010 年初青岛海尔公司实施首期股票期权激励后，无论行业大环境如何起伏变化，青岛海尔公司的净资产收益率及利润增长率整体高于行业平均水平，公司资方收益在同行业中具有相对领先优势。

2. 激励计划实施后与自身的纵向比较分析

第一，青岛海尔公司股权激励计划实施后，公司自身净利润变化情况如图 5 - 3 所示：

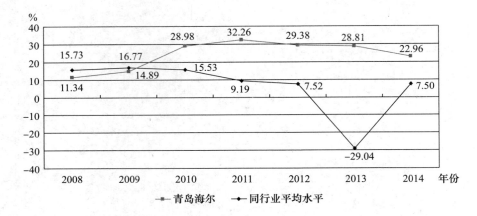

图5-1 青岛海尔与同行业平均水平（2008～2014年）的净资产收益率对比

资料来源：根据青岛海尔公开披露信息整理绘制而成

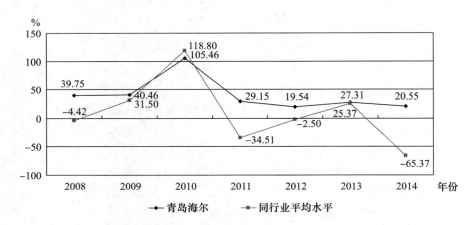

图5-2 青岛海尔与同行业平均水平（2008～2014年）的净利润增长率对比

资料来源：根据青岛海尔公开披露信息整理绘制而成

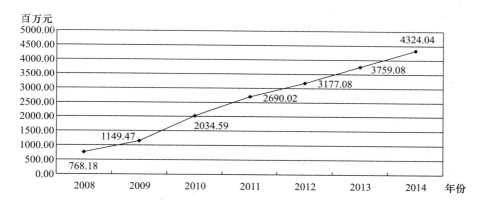

图5-3 青岛海尔历年（2008~2014年）净利润对比

资料来源：根据青岛海尔公开披露信息整理绘制而成

第二，青岛海尔公司股权激励计划实施后，公司自身营业收入变化情况如图5-4所示：

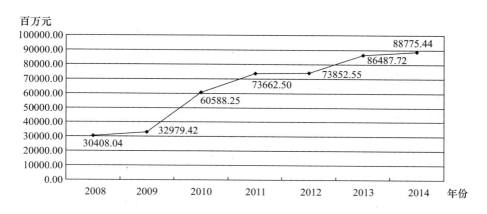

图5-4 青岛海尔历年（2008~2014年）营业收入对比

资料来源：根据青岛海尔公开披露信息整理绘制而成

第三，青岛海尔公司股权激励计划实施前后，历年（2008~2014年）每股收益变化情况如图5-5所示：

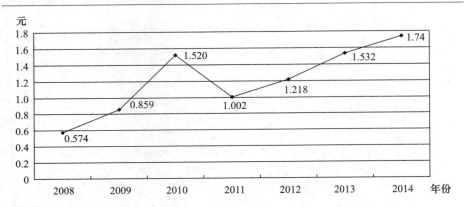

图 5-5　青岛海尔历年（2008~2014 年）每股收益对比

资料来源：根据青岛海尔公开披露信息整理绘制而成

综合图 5-3、图 5-4 和图 5-5 不难看出，青岛海尔公司在 2009 年底实施股权激励计划以来，公司净利润和营业收入都呈现出较明显的持续增长趋势，也进一步说明了青岛海尔公司实施股权激励计划对该公司的资方收益产生了非常积极的影响。

四、人力资本入股对企业劳方收益的影响

为了更清晰地研究股权激励计划对青岛海尔公司劳方收益的影响，本书将劳方（人力资本所有者）分为两类分别进行研究：一类为参与青岛海尔公司股票期权方案的董、监、高以及核心技术人员，即关键型人力资本所有者；另一类为未参与青岛海尔公司股票期权方案的普通劳方，即普通型人力资本所有者。

1. 股票期权方案实施前后的关键型劳方收益情况比较

青岛海尔公司的董、监、高和核心技术人员是股票期权方案的实施对象，2010 年之前其收益主要为工资和各项福利，从 2010 年开始，董、监、高和核心技术人员新增了一项股票期权的收益。股票期权方案实施后公司董、监、高和核心技术人员的股票期权行权收益情况如表 5-4 所示。

根据公开披露的历年绩效数据，青岛海尔董、监、高和核心技术人员在行权周期内都满足青岛海尔公司股票期权行权计划所规定的行权条件，

共实施了四次行权，股票期权方案的实施使得青岛海尔公司关键型人力资本所有者的收益得到了显著增加。

表5-4　青岛海尔股票期权行权情况

行权开始日期	当日股票收盘价格（元）	行权价格（元）	可行权股票期权数量（万份）	股票期权行权获利（万元）
2010-09-30	23.52	10.58	144.30	1867.242
2011-09-30	9.18	5.24	520.40	2050.376
2012-09-30	11.33	5.07	718.44	4497.4344
2013-09-30	13.32	4.70	971.04	8370.3648

资料来源：根据青岛海尔公开披露信息整理和计算绘制而成

2. 股票期权方案实施前后的普通劳方收益情况比较

青岛海尔公司股票期权方案实施前后，其普通劳方收益情况①如图5-6所示：

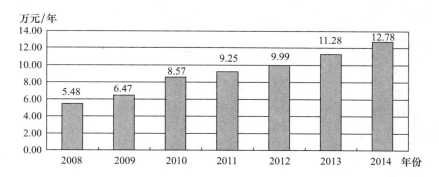

图5-6　青岛海尔全体职员人均工资对比（2008～2014年）

资料来源：根据青岛海尔公开披露信息整理和计算绘制而成

如图5-6所示，股票期权方案实施之后，青岛海尔公司全体员工（主要为普通劳方）的人均工资水平一直呈增长态势，股票期权激励计划对其全体劳方收益产生了积极影响。

---

① 由于上市公司发布的财务报表中没有直接披露员工收入，本书进行了间接计算，计算公式为：员工薪酬收入＝（期末应付职工薪酬－期初应付职工薪酬＋支付给职工以及为职工支付的现金）／上市公司员工总数。以下类同。

第二节　组织资本入股对企业劳资收益
影响的案例分析

一、案例公司——思源电气企业简介

思源电气股份有限责任公司（股票代码：002028，以下简称思源电气）是经上海市人民政府沪府体改审〔2000〕050号文批准，于2000年12月28日由上海思源电气有限公司整体变更而来，主要业务为输配电设备的制造和服务，目前已经成为国内唯一一家掌握多种柔性交流输配电装置自主知识产权，以电力和电子综合设备为主、以高压电器和高压监测仪器产品系列为辅的高新技术企业。

二、组织资本入股实施方案简介

2008年3月7日，思源电气公司公开披露了《关于上海思源清能电气电子有限公司增资扩股的公告》信息，主要内容为：2008年1月4日，思源电气公司董事会审议通过了《关于投资设立上海思源清能电气电子有限公司的议案》，思源电气投资设立上海思源清能电气电子有限公司（以下简称上海清能），首期注册资本为5000万元，全部由思源电气公司以现金形式全额投资5000万元，拥有其100%权益。

在上海清能公司成立后，"刘文华团队"（主要包括自然人刘文华、宋强、李建国、陈远华、刘文辉、李青春及长沙市为尔自动化技术开发有限公司）计划以其共同拥有的变频调速器和有源滤波器系列技术及相关专利评估作价认缴上海清能公司新增注册资本1660万元。增资完成后，上海清能公司注册资本将增加到6660万元。增资扩股后的上海清能公司的股权结构如表5-5所示：

表5-5 增资后上海清能股权结构表

股东单位	出资金额（万元）	出资比例（%）	出资方式
思源电气股份有限公司	5000.00	75.08	现金
李青春	664.00	9.97	无形资产
刘文华	193.14	2.90	无形资产
宋强	193.14	2.90	无形资产
李建国	193.14	2.90	无形资产
刘文辉	193.14	2.90	无形资产
陈远华	193.14	2.90	无形资产
长沙市为尔自动化技术开发有限公司	30.30	0.45	无形资产
合计	6660.00	100.00	—

资料来源：根据思源电气公开披露信息整理绘制而成

根据思源电气公开披露的信息，《上海思源清能电气电子有限公司增资协议》主要内容为：

（1）合作各方同意于本协议签署之日起二十日内共同聘请专业的评估机构对目标出资专利及出资技术进行评估并出具评估专著，以评估专著所确定的价格对出资专利及出资技术中的权益进行定价，由刘文华团队以其认缴项目公司新增的注册资本。评估价值若低于刘文华团队认缴的新增注册资本额，则刘文华团队应以其拥有的其他专利或非专利技术补足差额部分；评估价值若高于刘文华团队各自认缴的新增注册资本额，各方同意溢价部分计入项目公司资本公积，由各方按股权比例共同享有。

（2）合作方承诺在本协议签订后及时将共有专利、出资专利及出资技术相关的全部资料、文件、图纸等交付给上海清能。

（3）刘文华团队承诺，自上海清能公司成立之日起连续为项目公司合作不少于五年。若其违反该约定，则自违约之日起其在项目公司的全部股权应无偿归思源电气公司所有。

（4）各方同意，上海清能公司争取以独立身份在股票市场上市。

三、组织资本入股对企业资方收益的影响

此次针对上海清能公司的增资计划实际上是在思源电气公司原有注资

不变的情况下，刘文华团队以其拥有的专利作价进行增资。这一过程的实质是刘文华团队以其组织资本入股上海清能，具体为思源电气以稀释上海清能公司的控股比例为代价，换取刘文华团队的专利，以求提升上海清能公司的市场竞争力。

从狭义上来讲，刘文华团队以其组织资本入股上海清能公司的劳资收益影响应以上海清能公司作为具体分析对象，由于上海清能公司没有单独分拆上市，其具体财务数据笔者无法有效获取，同时考虑到，上海清能公司的注册资本总额占当时思源电气注册资本的27.9%，占比较大（根据公开披露的相关数据获知），上海清能增资后的盈利水平以及股东获利情况在一定程度上是可以通过思源电气的相关数据体现出来的。为此，本书将分析对象拓展到整个思源电气。

1. 组织资本入股实施后与同行业的横向比较分析

（1）与同业净资产收益率平均水平的比较。具体如图5-7所示：

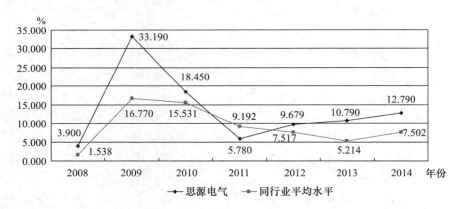

图5-7　思源电气与同行业平均水平（2008～2014年）的净资产收益率对比图

资料来源：根据思源电气公开披露信息整理绘制而成

（2）与同业净利润增长率平均水平的比较。具体如图5-8所示：

由图5-7和图5-8可以发现，在2008年组织资本入股实施之后，思源电气公司2009年（受组织资本入股影响最大的时间节点）的净资产收益率和净利润增长率大幅领先行业平均水平。虽然2010～2011年的两年间，思源电气公司的净资产收益率和净利润增长率都出现了下滑，并且略低于行业平均。但是无论行业情况如何变化，思源电气公司的净资产收益率始终

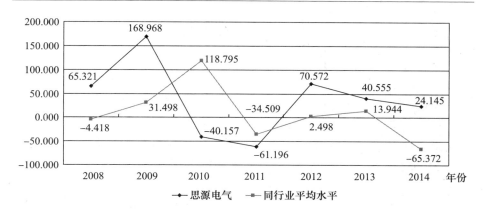

图 5 - 8 思源电气与同业平均水平 (2008 ~ 2014 年) 的净利润增长率对比图

资料来源：根据思源电气公开披露信息整理绘制而成

保持着正向增长状态，并从 2012 年开始又逐渐出现赶超行业平均水平的趋势；同时，思源电气公司的净利润增长率从 2012 年开始，又迅速回升到明显高于行业平均水平。所以，从净资产收益率和净利润角度来看，组织资本入股对思源电气资方收益有着较明显的积极影响。

2. 组织资本入股实施后与自身的纵向比较分析

（1）思源电气公司自身净利润变化比较。具体如图 5 - 9 所示：

（2）思源电气公司自身营业收入变化比较。具体如图 5 - 10 所示：

由图 5 - 9 和图 5 - 10 不难看出，组织资本入股实施之后，思源电气公司在 2008 年和 2009 年的净利润和营业收入效益都出现非常显著的增长。但同时笔者也发现，思源电气公司在 2010 年度和 2011 年度的净利润均出现了大幅度的下滑，根据业内相关分析报道，这主要是受到"欧债危机"和行业整体大环境的影响所致（企业所处行业的主流产品市场萎缩，导致产品价格跌至历史低点）。随着 2012 年和 2013 年整体大环境趋好，思源电气公司的资方效益水平又呈现出稳步回升的态势。

组织资本入股实施后与思源电气公司自身的纵向比较来看，整体上，本书可以得出：组织资本入股对思源电气公司资方收益有着较明显的积极影响（其中，2008 年度和 2009 年度效益属于受计划影响最大的年份）。

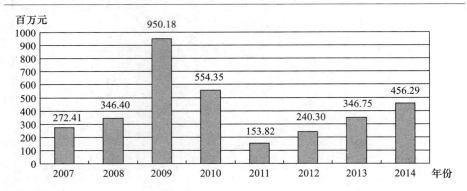

图5-9 思源电气净利润（2007～2014年）对比图

资料来源：根据思源电气公开披露信息整理绘制而成

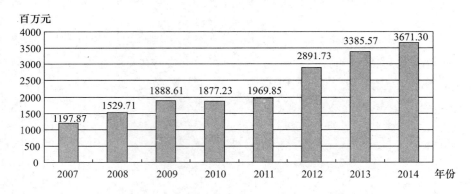

图5-10 思源电气营业收入（2007～2014年）对比图

资料来源：根据思源电气公开披露信息整理绘制而成

四、组织资本入股对企业劳方收益的影响

根据刘文华团队以组织资本入股的实际情况，本书将思源电气公司中的劳方分为两部分：一部分是以组织资本入股的公司特殊劳方（刘文华团队）；另一部分是未参加此次计划的公司普通劳方。

1. 刘文华团队劳方收益在组织资本入股实施前后的情况比较

由于刘文华团队在此次案例中的角色不同于普通意义上的劳方，在其以专利入股上海清能公司后，主要收益来自其所占有的近25%的上海清能公司的股利（同前文，本书以思源电气公司的股利替代）。因此，通过基本每股收益的变化情况可以大致了解到专利入股上海清能公司以后刘文华团队（可看作公司特殊劳方）的收益情况。

如图5-11所示，思源电气公司在2008年度和2009年度的每股收益都保持了比较明显的增长。其中2008年和2009年的增幅分别达到了23.44%和173.42%，这就可以在一定程度上说明刘文华团队在其以专利入股上海清能公司后的收益也呈显著增长态势。虽说2010年和2011年主要受"欧债危机"和行业整体大环境的影响，思源电气公司每股收益都出现大幅下滑，但随着2012年和2013年整体大环境趋好，思源电气公司的每股收益又呈现出稳步回升的态势，相应地，刘文华团队的收益也必然呈同向变化。

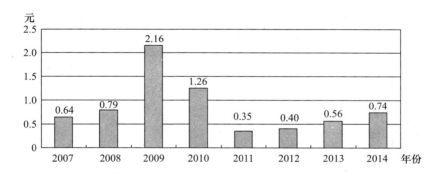

图5-11 思源电气每股收益（2007~2014年）对比图

资料来源：根据思源电气公开披露信息整理绘制而成

2. 组织资本入股实施前后的公司普通劳方收益情况比较

如图5-12所示，思源电气公司全体员工（大部分为普通劳方）的平均工资水平在刘文华团队以组织资本入股实施之后持续上升，其中2009年增幅达到25%，显著高于行业平均水平。虽然2008年因受到世界金融危机的影响，思源电气公司全体员工（大部分为普通劳方）平均工资水平从2007年度的6.59万元下降到2008年度的5.6万元，出现一定下滑，但在之后的各个年度的平均工资水平整体上呈稳步攀升的态势。说明，刘文华团队以组织资本入股实施之后，对思源电气公司全体员工的平均工资水平确实产生较积极的影响。

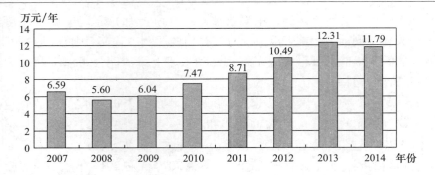

图 5 - 12　思源电气全体员工平均工资（2007～2014 年）对比图

资料来源：根据思源电气历年年度财务专著数据整理得出

第三节　关系资本入股对企业劳资收益
影响的案例分析

在充分竞争的市场格局中，销售渠道在市场竞争中扮演着非常重要的角色，越来越成为企业在竞争中取胜的一大关键性关系资本，正所谓"渠道为王"。作为销售渠道核心组成部分的经销商所起的作用更是重中之重。为此，本书选择了在持续多年的充分竞争市场中脱颖而出的代表性公司——珠海格力电器股份有限公司作为分析个例，来分析关系资本入股对企业劳资收益的具体影响。

一、案例企业简介

1. 案例相关企业——珠海格力电器股份有限公司简介

珠海格力电器股份有限公司（股票简称：格力电器；股票代码：000651）是目前世界上最大的专业化空调制造与销售企业，原名珠海市海利冷气工程股份有限公司，成立于 1989 年 12 月，注册资金 1200 万元。1991 年 3 月，更名为"珠海市格力集团电器股份有限公司"。1994 年 5 月，正式更名为"珠海格力电器股份有限公司"。

2. 案例相关企业——河北京海担保投资有限公司简介

河北京海担保投资有限公司（以下简称京海公司）成立于 2006 年 8 月，其控股股东为格力电器十大核心区域（北京、天津、重庆、河南、河北、湖南、山东、浙江、四川、江西）经销商，其销售额占到格力电器内销总额的 65% 以上。

二、关系资本入股实施方案

为了聚集经销商力量，通过前期沟通与谈判，格力集团公司自 2007 年 4 月开始先后两次向京海公司转让股权，实现格力电器销售渠道的关系资本入股。

第一次是 2007 年 4 月 25 日，格力集团公司与京海公司签订《股权转让协议》，协议规定：格力集团公司履行在股权分置改革中为格力电器引进战略投资者的承诺，将其持有的格力电器 80541000 股股份出让给京海公司。

第二次是在 2010 年 5 月 21 日至 2010 年 6 月 30 日期间，京海公司通过深圳证券交易所二级市场累计增持格力电器公司 8612714 股无限售股份，增持后占格力电器公司股份比例为 10.28%。

三、关系资本入股对企业资方收益的影响

根据京海公司实质上是以关系资本入股格力电器公司的实际情况，格力集团是格力电器公司的主要资方，京海公司是以关系资本入股的格力电器公司次要资方。

同理，本书仍然沿用横向与纵向比较相结合的思路来分析格力电器关系资本入股方案实施前后的对公司资方收益的影响变化。

1. 关系资本入股实施后与公司同业的资方收益横向比较

（1）与公司同业净资产收益率平均水平的比较。具体如图 5-13 所示：

在京海公司入股格力电器公司之后，格力电器公司的净资产收益率明显高于同行业平均水平，在行业内具有一定优势。

（2）与同业净利润增长率平均水平的比较。具体如图 5-14 所示：

京海公司入股格力电器公司之后，格力电器公司的净利润增长率除了在 2010 年度低于行业平均水平以外，其余时间基本都明显高于行业平均

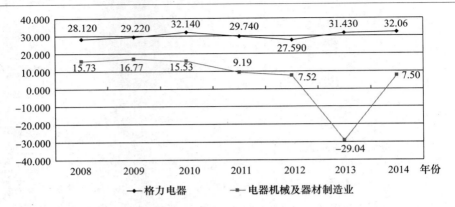

图 5 - 13　格力电器与同业平均水平（2008～2014 年）的净资产收益率对比图

资料来源：根据格力电器公开披露信息整理绘制而成

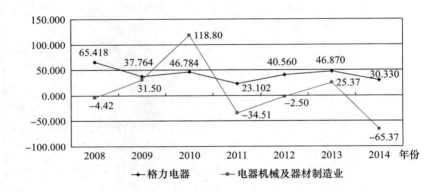

图 5 - 14　格力电器与同业平均水平（2008～2014 年）的净利润增长率对比图

资料来源：根据格力电器公开披露信息整理绘制而成

水平。

2. 关系资本入股实施后与公司自身的纵向比较分析

（1）格力电器公司自身净利润变化比较。具体情况如图 5 - 15 所示：

格力电器公司在首次实施关系资本入股后的 2007 年当年净利润相较 2006 年增长了一倍多，在 2010 格力电器公司加大关系资本入股力度后，格力电器公司的净利润更呈持续稳步增长态势。

（2）格力电器公司自身营业收入变化比较。具体情况如图 5 - 16 所示：

从图 5 - 16 可以发现，2007 年和 2010 年，格力电器公司在两次实施关系资本入股后，公司当年的营业收入较上一年度（2006 年和 2009 年）都有非常明显的增长。

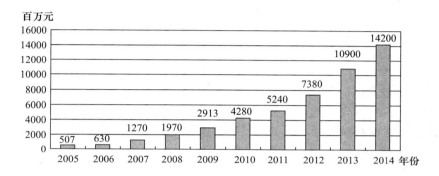

图 5 - 15　格力电器历年（2005～2014 年）净利润对比图

资料来源：根据格力电器公开披露信息整理绘制而成

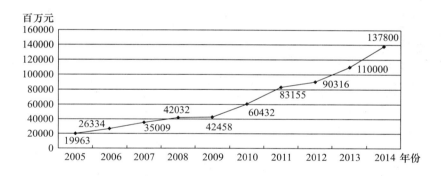

图 5 - 16　格力电器历年（2005～2014 年）营业收入对比图

资料来源：根据格力电器公开披露信息整理绘制而成

（3）格力电器公司自身每股收益历年变化比较。具体情况如图 5 - 17 所示：

从图 5 - 17 可看出，2007 年和 2010 年，格力电器公司在两次实施关系资本入股后，公司历年（2005～2014 年）每股收益整体上呈上升趋势，特别是，经销商京海公司在 2010 年加大持股格力电器公司力度后，格力电器公司每股收益增幅更呈现出爆发性增长。

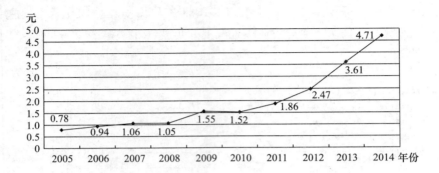

图 5 – 17　格力电器历年（2005～2014 年）每股收益对比图

资料来源：根据格力电器公开披露信息整理绘制而成

通过上面的横向与纵向比较，我们可较清晰地发现，关系资本入股对格力电器公司资方收益产生了非常积极的影响，格力电器公司在两次实施关系资本入股后的当年及后续多年内，公司资方收益都是持续快速增长的。

四、关系资本入股对企业劳方收益的影响

关系资本入股对格力电器公司普通劳方收益的影响如图 5 – 18 所示：

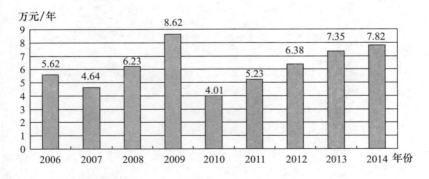

图 5 – 18　格力电器历年（2006～2014 年）全体员工平均工资对比图

资料来源：根据格力电器公开披露信息整理绘制而成

从图 5－18 可看出，2007 年和 2010 年，格力电器公司在两次实施关系资本入股后，公司下一年度（分别为 2008 年和 2011 年）的员工平均工资水平都有较显著的增长，其中，格力电器公司 2007 年第一次实施关系资本入股后，公司员工年平均工资从 4.64 万元增长至 2008 年的 6.23 万元，增长率为 34.27％；2010 年第二次实施关系资本入股后，公司员工年平均工资从 4.01 万元增长至 2011 年的 5.23 万元，增长率达 30.42％。整体来看，格力电器公司自 2007 年第一次实施关系资本入股后，格力电器年平均工资除受全球金融危机的巨大影响在 2009 年与同行业一样出现断崖式下降（但之后快速回升）外，其他年度一直是保持增长态势。可见，格力电器公司的两次关系资本入股都对公司整体劳方收益产生非常积极的影响。

第四节　本章小结

本章采用案例分析方法，选择有代表性的公司个例（青岛海尔公司、思源电气公司和格力电器公司），分别分析了人力资本、组织资本和关系资本参与企业剩余分配变革的收入效应等。具体为，青岛海尔公司个例分析了人力资本参与企业剩余分配变革的收入效应，思源电气公司个例分析了组织资本参与企业剩余分配变革的收入效应，格力电器公司个例分析了关系资本参与企业剩余分配变革的收入效应等。分析的结果是，智力资本入股对企业劳资双方收益分配来说是一种帕累托改进，使企业劳资双方收益都得到了明显的增加。

第六章 智力资本入股的资本流转及责任承担研究

本章在充分考虑智力资本自身特点以及理论与现实因素的基础上，研究了智力资本通过入股参与企业剩余分配的新型分配范式得以建立的智力资本流转及责任承担制度安排保障，对其制度安排进行了创造性设计和重构。

第一节 改制后的智力资本流转问题探究

智力资本的流转具有两层含义：一是指智力资本参与企业的运营过程，首先转化为货币资本，进而相继转化为储备资本、生产资本、商品资本三种形态，最终回到货币资本形态，实现企业增值；二是指智力资本及其载体在企业内及企业间的流转。如果以企业作为一个研究系统，则企业智力资本的流转可分为两种形式：一是智力资本对企业的流入与流出；二是企业智力资本的内部流动。这两种形式的智力资本流动都将给智力资本入股企业和股东产生重要影响。

一、企业智力资本的流入与流出

1. 人力资本的流入与流出

人力资本的流入主要在于改制企业的初始设置岗位发生变化，包括企业岗位在数量上的增减及某些岗位加强或削弱等。对于因岗位数量增加而导致的人力资本流入，是一种"增资（人力资本）扩股"形式，改制企业的人力资本名义总股本是增加的。而对于岗位结构调整而出现的人力资本流入，改制企业的人力资本名义总股本是否增加则不能一概而论，要视人力资本增量（等于加强与削弱的差额）而定，如果增量为正，总股本增加；反之则相反。实践中，招聘进入企业的人力资本所有者可能因为无法胜任岗位工作或者个人价值取向不同等原因而离开企业。另外，作为自然人的人力资本所有者，不可避免地会因为退休、死亡等各种自然原因中途或最终退出企业。由于人力资本和其所有者不可分离的特征，无论人力资本所有者主动或被动退出企业，人力资本均将流出（肖曙光，2006）。

改制企业应及时对人力资本的变化进行记录并且体现在企业的资产负债表中。人力资本流入企业后，会计分录为：借记"智力资产－人力资产"，贷记"智力资本－人力资本"，人力资本流出企业后，会计分录的借贷方向则予以反向。

2. 关系资本的流入与流出

关系资本的流入包括信息嵌入和资源嵌入等环节，其中，信息嵌入是企业认知与选择关系资源的阶段，而资源嵌入是关系资本向企业载体的转移阶段，只有完成关系资源的嵌入环节后才能最终形成企业的关系资本。至于关系资本的流出，主要是出于为企业创造尽可能多的比较收益考虑，以促进关系资本的充分利用。关系资本的流出可分为两种：一种是不能固化的关系资本流出，该类关系资本与其载体有极强的依附性，随其载体离开而退出企业，该类流出将减少总股本且股权结构也将发生变化；另一种是可固化的关系资本流出，它是一种不涉及股权范畴的经营流出，其处分收益归全体企业股东所有。

同理，改制企业应及时对关系资本的变化进行记录并且体现在企业的资产负债表中。关系资本流入企业后，会计分录记为：借记"智力资产－关系资产"，贷记"智力资本－关系资本"，关系资本流出企业后，会计分录的借贷方向则予以反向。

3. 组织资本的流入与流出

组织资本的流入与流出主要涉及专利、商标、著作权、商誉等知识产权组织资本以及信息系统、数据库等企业基础组织资本。对于企业来说，不同类型组织资本的流动性存在很大差异，企业的结构组织资本和基础组织资本以及职务型知识产权组织资本是一种"不会随员工回家的资本"，一旦形成即被固化为整个企业所拥有，其流动性较差，而知识产权组织资本的流动性则较强。企业组织资本如果以市场交易方式流入（流出），并不会改变企业股本和股权结构，而若以股权契约方式流入（流出）则将导致企业总股本和股权结构变化。

同理，改制企业也应及时对组织资本的变化进行记录并且体现在企业的资产负债表中。组织资本流入企业后，会计分录记为：借记"智力资产－组织资产"，贷记"智力资本－组织资本"，组织资本流出企业后，会计分录的借贷方向予以反向。

二、企业智力资本的内部流动探讨

1. 人力资本的内部流动探讨

人力资本的内部流动是由人力资本在企业内部重新配置而引起的。人力资本内部流动表面上带来的是人员岗位的调整，在深层次上伴随着与其股东利益紧密相连的人力资本名义股本大小的变化调整。当人力资本所有者从低级岗位配置到高级岗位时，人力资本名义股本得到加大；反之亦相反。这里，之所以说是名义股本是因为人力资本量的实际大小是由其外在表现量，即人力资本的现实付出量决定的。一个从事高级岗位的高能力劳动者如果主观努力缺失或工作时间很短，其实际人力资本量，即劳动付出量当然不可能很大。

人力资本在企业内部流动后，其所有者的股本发生变化，故应即时进行账务处理并在企业资产负债表中予以体现。当人力资本所有者从低级岗位配置到高级岗位时，人力资本名义股本得到加大，其会计分录为：借记"智力资产－人力资产"，贷记"智力资本－人力资本"。当人力资本所有者从高级岗位配置到低级岗位时，人力资本名义股本得到降低，其会计分录为：借记"智力资本－人力资本"，贷记"智力资产－人力资产"。

2. 关系资本的内部流动探讨

关系资本的内部流动表现为企业利益相关者关系的变动，具体可量化为战略伙伴的数目、客户所占的市场份额、客户成本、客户的满意度、客户忠诚度等的变动。当关系资本股本加大时，其名义股本增加，会计分录记为：借记"智力资产－关系资产"，贷记"智力资本－关系资本"。反之，当关系资本所有者为企业带来的关系租金和优势减小时，其名义股本降低，会计分录记为：借记"智力资本－关系资本"，贷记"智力资产－关系资产"。

3. 组织资本的内部流动探讨

组织资本的内部流动具体表现为企业的注册商标、专利、信息系统、管理方法等各方面的变动。当组织资本所有者更能为企业带来效益和优势时，其名义股本增加，其会计分录记为：借记"智力资产－组织资产"，贷记"智力资本－组织资本"。当组织资本所有者为企业带来的效益和优势减小时，其名义股本降低，其会计分录记为：借记"智力资本－组织资本"，贷记"智力资产－组织资产"。需要指出的是，对于后续组织资本，由于其为企业劳资群体所共同拥有，所以其股本变化只体现在整个企业名义下。

第二节 智力资本入股股东的有限责任承担

一、智力资本承担有限责任的原则和障碍

1. 智力资本承担有限责任的原则

智力资本股东获取股权收益必须承担有限责任是现代企业制度的重要原则，也是保护债权人等利益相关者权益的基本要求。法理上，权利和责任具有对等性，享受权利必须承担责任。智力资本入股改革后，智力资本与物质资本享有同等权利，当然也要履行同等有限责任。所谓有限责任是指财产上的有限责任，包括两层含义：就股东而言，以其投资额为限对企业法人承担责任；就企业法人而言，则以其全部独立支配财产（包括物质财产和智力财产）为限对债权人承担责任。如果通过法律上的破产清算程序后资不抵债，不足部分可依法豁免，同时，企业在法律上归于消灭。改制后，当企业经营不善，如陷入严重亏损或破产清算时，物质资本所有者所投入的物质资本出现"缩水"是显而易见的。同样，由于智力资本为无形资本及其自身特点和现实原因，智力资本所有者所投入智力资本的贬值幅度往往更大。这时，就智力资本股东而言，应该以其已贬值了的智力资本（而不是智力资产初始评估值）为限对企业法人承担责任，企业法人再以其现存的全部独立支配财产（包括物质财产和智力财产）为限对债权人等承担债务清偿责任。这是智力资本入股改革中智力资本承担有限责任的

总的原则。

2. 智力资本履行有限责任的障碍

①智力资本中的部分要素，如人力资本、部分特殊关系资本等与其所有者天然不可分离，不可分离性决定了该部分智力资本载体退出企业以后所携带智力资本同时退出了企业；②智力资本价值量是智力资本履行责任的依据，而智力资本价值发挥的实际效果，除了取决于工作环境、团队合作之外，还取决于智力资本者工作的主动性和积极性，因而，智力资本具有显著"伸缩"性，其价值量总是处于动态变化之中；③智力资本是无形资本，其自身不可能像物质资本一样在财务上直接履行有限责任，而现代社会文明和法律也不容许通过限制人身自由来强制要求智力资本股东责任承担。因此，要使智力资本在两层含义上有效履行财产上的有限责任就必须设置相应的特殊制度安排。

二、智力资本承担有限责任的制度安排

1. 引入智力资本责任承担救济机制

1994 年，美国"统一州法全国委员会"制定的《统一有限责任公司法》规定："股东的入股可以包括有形的与无形的财产或其他对公司的利益，包括金钱、期票、提供的劳务，或者同意向公司交付现金或财产，或者在未来提供契约劳务。"但鉴于未来劳务入股潜在的弊病，为了避免未来劳务不可预期性所招致的不履行，该法对以未来劳务作为对价而发行的股份，提供了三种救济机制：设置托管账户、进行其他限制股份转让的安排、可根据支付的股份购买价格将分配利益贷记。为此，在智力资本承担有限责任的制度安排中，本书可借鉴美国《统一有限责任公司法》，引入类似的智力资本责任承担救济机制：第一，设置智力资本股份（权）托管账户，由公司或专门的托管机构统一托管智力资本股份（权）；第二，对智力资本股份（权）转让做出某些限制安排；第三，根据支付的智力资本股份（权）购买价格将分配利益贷记。若智力资本承担有限责任未能履行，则所托管智力资本股份（权）、限制转让的智力资本股份（权）以及贷记的智力资本股份（权）分配利益可作相应扣除。

2. 建立智力资本承担有限责任的赔付备用基金

具体办法是，当企业盈利时，每月提取智力资本所有者应获股利的

10%存入为其准备的专用账户上作为智力资本有限责任赔付备用基金。在基金累计余额达到该智力资本初始评估值的50%以后，可不再提取（因为智力资本履行债务清偿责任时，其已大幅贬值，且另外还有不超过公司注册资本50%的由智力资本和物质资本所共有的法定资本公积金存在）。当智力资本股东退出企业时，智力资本有限责任赔付备用基金作相应扣除后予以返还本人或其继承人，其有限责任也相应解除。

3. 引入保证有限责任制

在具体的制度安排设计思路上有股东自我保证和第三方保证两条路径可供选择：①股东自我保证，也即智力资本入股者的自我保证，是指智力资本股东在选择以智力资本方式出资时就公开承诺在公司破产或其他经营性原因而导致歇业、解散，债权人对公司主张债权时，保证将处于履责时（贬值后）的智力资本评估值如数以现金、实物、工业产权、非专利技术、土地使用权等财产或权利缴纳到位；②第三方保证是指由第三方对智力资本股东承担的有限责任提供保证。在债权人对公司主张债权时，物质资本股东以其出资的物质资本贬值余额对公司债务承担直接清偿责任，而智力资本出资股东应承担的责任，由保证人代为履行。

智力资本承担有限责任的整体路径是，当企业仅发生亏损并未破产时，应先启用企业公积金弥补亏损，不足部分再由智力资本股东和物质资本股东按股权比例共同弥补，此时才启用智力资本股东的清偿备用金，若还不足，可根据保证有限责任机制以及智力资本责任承担救济机制予以清偿，清偿后智力资本承担的有限责任消除。

第三节　本章小结

本章较深入系统地研究了保障智力资本参与企业剩余分配的智力资本流动性及智力资本股东有限责任承担问题，具体为：

智力资本的流动性具有两层含义：一是指智力资本参与企业的运营过程，首先转化为货币资本，进而相继转化为储备资本、生产资本、商品资本三种形态，最终回到货币资本形态，实现企业增值；二是指智力资本及其载体在企业内及企业间的流动。如果以企业作为一个研究系统，则企业智力资本的流动可分为两种形式：一是智力资本对企业的流入与流出；二是企业智力资本的内部流动。这两种形式的智力资本流动都将给智力资本入股企业和股东产生重要影响。

智力资本承担有限责任可以通过建立智力资本责任承担救济机制、智力资本承担有限责任的赔付备用基金和保证有限责任制来实现，其责任承担的整体路径是，当企业仅发生亏损并未破产时，应先启用企业公积金弥补亏损，不足部分再由智力资本股东和物质资本股东按股权比例共同弥补，此时才启用智力资本股东的清偿备用金，若还不足，可根据保证有限责任机制以及智力资本责任承担救济机制予以清偿，清偿后智力资本承担的有限责任消除。

第七章　智力资本入股的治理制度重构及其风险防范研究

本章在充分考虑智力资本自身特点以及理论与现实因素的基础上，研究了保障物质资本所有者和智力资本所有者享有平等的剩余索取权，实现包括智力资本与物质资本股东在内的所有者权益最大化的治理结构重构及其风险防范问题。本章首先在比较分析智力资本入股前后企业治理模式以及企业治理重心异同的基础上，设计了智力资本入股后的通用企业治理制度安排；其次，鉴于企业的竞争已从单纯的产业价值"链"的竞争过渡到产业价值"网络"的竞争，本章进一步从"DIM"全新视角系统地研究了智力资本参与三类模块化生产网络组织剩余分配的治理制度安排；最后，通过探源企业治理的本质构建了企业治理风险的分析框架，并运用该分析框架，结合智力资本与物质资本的差异性，首次探讨了企业智力资本入股的三类"相容性"问题，并提出了相应的风险防范制度安排。

第一节　企业治理含义的界定

关于企业治理，目前尚不存在一个统一的定义。许多经济学家从不同的角度对企业治理结构的含义进行了界定。其中较有影响的观点主要有以下几种：①制度安排说。斯坦福大学钱颖一认为，"企业治理结构是一套制度安排，用以支配若干在企业中有重大利益关系的团体——投资者（股东和贷款人）、经理人员、职工之间的关系，并从这种联盟中实现经济利益"。① ②相互作用说。库克伦和华廷科认为："企业治理包括在高级管理阶层、股东、董事会和公司其他的有关利益人的相互作用中产生的具体问题。"② ③决策机制说。奥利弗·哈特认为："企业治理结构被看作一个决策机制，而这些决策在初始合约中没有明确的设定。更准确地说，治理结构分配公司非人力资本的剩余控制权，即资产使用权如果在初始合约中没有详细设定的话，治理结构将决定其如何使用。"④组织结构说。我国经济学家吴敬琏认为："所谓企业治理结构，是指由所有者、董事会和高级执行人员即高级经理人员三者组成的一种组织结构。"③

经合组织在总结各学者的理论学说和世界公司实践基础上，将企业治理定义为"一种据以对工商业公司进行管理和控制的体系，企业治理结构明确规定了公司的各个参与者的责任和权利分布，如董事会、经理层、股东和其他利益相关者，并且清楚地说明了决策公司事务所应遵循的规则和程序，同时，它还提供了一种结构，使之用以设置公司目标，提供了达到这些目标和监控运营的手段"。

第二节　企业治理研究文献综述

一、国外学者关于企业治理研究文献综述

目前国外关于企业治理研究方面的文献大体上围绕以下八个主题研究来展开。

1. 关于谁是企业主人的主题

关于这个主题，目前主要有两种截然相反的观点。第一种观点认为企

---

① 钱颖一. 我国的企业治理结构改革和融资改革［M］. 载转轨经济中的企业治理结构，北京：中国经济出版社，1995：133.

② 库克伦，华廷科. 公司——文献回报（1988），转引自费方域. 什么是企业治理［J］. 上海经济研究，1996（5）.

③ 吴敬链. 现代公司与企业改革［M］. 天津：天津人民出版社，1994：185.

业是属于股东们的实物资产的集合体，企业是股东的企业，股东拥有企业的全部所有权，经理人员以股东代理人的身份执行权力、承担责任；公司治理是一个对股东承担有效责任的问题；解决治理问题就是要使治理机制运行得更有效率。该观点代表人物主要有 Shleifer、Vishny 和 Tirole 等。Shleifer 和 Vishny（1997）认为，公司治理的问题是向公司所提供资金的供给者如何保证他们能够从他们的投资中获得收益；Tirole（2000）认为，公司治理的标准定义为对股东利益的保护。在实践过程中，以股东主权为基础的美英模式与以相关利益者为基础的日德模式相比，在经济效率上难分伯仲，甚至显得更好。Owen Geoflrey（1995）认为，并没有明显的证据表明，德国的企业治理安排更具竞争力，而股票市场发挥更大作用的美英模式不具竞争力，一个合理的推论是双方需要进行相互的学习。第二种观点认为每一个利益相关者都对公司享有权利，股东是公司的众多利益相关者集团中的一员，因此，股东只拥有企业的一部分，而不是全部。该观点代表人物主要有 Jensen、Meckling、ThomasPonaldson、Lee E. Preston 和 Maranville Steven J. 等。Jensen 和 Meckling（1972）指出，企业是一组契约，股东拥有实物资本，但不可能拥有人力资本和其他相关利益主体的专用性投资，否则会损害其他利益主体的投资积极性；Birchand Bill（1995）提出，由 CFO（Chief Financial Officer）杂志和 Walker 集团协作进行的调查显示，大部分 CFO 对公司满足相关利益主体的目标程度表示了关切，并认为公司相关利益主体间的关系好坏会影响其财务绩效；Thomas Ponaldson 和 Lee E. Preston（1995）在其《公司：相关利益者理论》一文中，认为公司必须倾听来自其他集团的声音，他们每一个都必须参与决定公司发展的方向；Maranville Steven J.（1989）则对公司接管过程中的相关利益者进行了研究，认为在兼并活动中公司应详细认真地考虑到相关利益者，而且对战略管理、公司治理及社会责任应进行总体的系统考虑。除此之外，在企业治理方面强调相关利益者的还有：Molz Rick（1995）构建了一个多元化的董事会结构，认为应在董事会中引入相关利益者以减少经营者对公司的控制；Verschoor Curtisc 和 Liona Joseph P.（1990）认为审计委员会应增加对利益相关者的责任，而不是仅对股东。

2. 关于股权结构与公司治理效率的研究

对于股权结构与公司治理效率的研究主要是对股权结构与公司治理效率两者的相关关系进行实证研究，由于选取的公司样本和具体指标等不同，众多学者得出了两种截然不同的观点。一部分学者实证研究发现，股权集中度对于公司绩效存在正效应。伯利（Berle）和米恩斯（Means）早期研究发现股权集中度与会计利润率之间存在正相关关系。Leech 和 Leahy 利用一个作为股权集中度函数的所有者效应指数，得出了相同的结论。Zeck – houser 和 Pound 发现，在他们划分成的容易监控的行业中，股票价格与公司盈余的比率随着股权集中度而增长。另一部分学者与上述观点相反，德姆塞茨（Demsetz）和 Lehn 等研究指出，随着持股份额的增加，股东的资产组合风险也将随之增加，因此在具有不同风险的不同公司中，大股东持股的最优化份额也会有所不同。并且，个别公司行为的性质和复杂性是变化的，这将会影响监控个别公司的股东价值的边际效应。Homsen 和 Pedersen 发现，435 家最大型欧洲公司的股权集中度与公司绩效之间的联系是非线性的，以至于股权集中度超出某一点后对绩效有相反的影响。

3. 关于董事会内部结构及其与公司治理效率的研究

经理主权的加强，导致经营者对股东的责任已成为人们普遍关注的焦点。实施公司控制的资本市场并不总是有效的，从而使许多学者开始转向企业内部，即对董事会的结构及其成员构成进行分析。

（1）关于独立董事的研究。一些学者认为独立董事更有利于公司治理效率的提升。Tricker 认为，在董事会中引入独立董事可以增加董事中的客观性和独立性。Fama 进一步指出，一个股东董事占多数的董事会并不是最佳董事会结构，因为投资者出于分散风险的考虑，会使得企业的业绩对股东利益并没有太大的关系，在内部经理市场存在竞争的前提下，他更倾向于全部由执行董事组成的董事会结构，但他也注意到另一种可能：经理在获得对董事会的控制权后，可能会放弃竞争，进而谋取私利。其解决办法也是引入独立董事，并强调外部市场对独立董事的约束。但有些经验研究并不支持上述结论，Dail、Catherine M. 和 Dalton Dan R.（1993）所做的一项研究揭示，那些绩效高的公司恰恰是对治理结构独立性依赖较少的公司。Star Marlene Givant（1993）指出，由 Covenant 投资管理公司做的一项研究显示，独立董事少的公司比独立董事多的公司绩效更好。

（2）关于董事会规模的研究。一些学者认为董事会的规模与公司价值相关。比如，Lipton 和 Lorsch 的研究结果认为，当董事会的规模超过 10 人时，因协调和沟通所带来的损失会超过因人数增加所带来的收益，董事会因而会变得缺乏效率，并且也更容易为公司经理所控制。通常情况下，董事会规模应在 10 人以内，7~9 人是理想的规模。Jensen 指出董事会的规模与公司价值具有相关性。Yermack 以 1984~1991 年度的 452 家美国公司为研究样本，对董事会规模与公司价值之间的相关性进行了经验分析。结果显示，董事会规模与公司价值（以托宾 Q 值加以表示）之间呈现出负相关的凹型曲线关系。当董事会规模从 6 人上升到 12 人时，公司价值的损失相当于董事会人数从 12 人上升到 24 人时的损失，即当董事会的规模从小型向中型变化时，公司价值的损失最大。他认为，具有较小规模董事会的公司具有较高的市值。

（3）关于董事会行为的研究。Nikos 的研究进一步丰富了关于董事会研究的内容，他检验了董事会的行为强度（用董事会的会议次数加以表示）与公司绩效之间的联系，并指出董事会行为的强度是一个可以选择的、与公司价值具有相关性的董事会特征。

除了上述研究之外，一些研究还指出，董事的名誉资本和报酬计划也会影响董事们的行为。

4. 关于机构投资者的作用和地位的研究

在国外，企业治理发展到今天已呈现出两个特点：一方面是经理主权的加强，另一方面又要求对股东利益的关注。个体股东由于缺乏这方面的动力和能力而被排除在企业治理之外，机构投资者就被视为企业治理中加强股东地位的重要支柱。有学者对机构投资者对于提升治理效率的重要性进行了研究。如 Pound 研究了机构持股者干预企业治理的动机，就机构持股者与其可能会监督的企业之间的关系做出了三个假设：第一，有效监督假设。与小股东相比，机构持股者能够掌握更多的信息并且更有能力实施低成本的监督。第二，利益冲突假设。机构持股者与公司存在业务联系，这又使得他们不太愿意限制管理层的自由裁量权。第三，战略联盟假设。机构持股者和公司董事会可能会发现在某些事务上进行合作对双方都是有利的。Coffee 对达到最优公司治理效率所应具备的条件进行了分析，他认为具有长期的投资计划、拥有足够多的企业股份以补偿其监督成本的机构不应受公司治理中利益冲突的影响。不同的机构持股者以不同的方式来达到这些标准，而且并不是所有的机构持股者都满足这些要求。Short 和 Keasey 发现，由于不同的所有者利益间存在极其复杂的相互关系网，加上信息评估方面的问题，机构持股者对绩效的影响并不明显。因为机构持股者是不同质的，不同的机构持股者有着不同的所有权结构以及与之相对应的目标和投资时间范围。因此，有些机构持股者比其他的机构持股者具有更明显的会成为积极投资者的倾向。

5. 关于高级管理人员报酬及其与公司绩效关联性的研究

高级管理人员报酬及其与公司绩效的联系成为国外公司治理文献中的一个重要并持续争论的问题。这些争论包括：多少报酬是合适的；报酬应该在多大程度上与绩效相关；怎样去衡量绩效等。大多数关于报酬的实证研究假定最优的高级管理人员契约应当把高级管理人员报酬与企业业绩紧密地结合起来（因为高级管理人员的行为在很大程度上不易观察）。

一些学者认为美国公司的报酬制度充分地协调了经理人员与股东的利益，如 Kaplan 和 Smith 研究指出，经理人员持股权对公司的经营绩效具有激励效应，他们都发现在经理层融资收购（MBO）之后，公司绩效显著上升。然而也有较多学者认为美国公司高级管理人员的报酬——绩效联系太弱了。如 Jensen 和 Murphy 虽然也认为经理人员在最大化股东财富的过程中应该得到奖励，但是持有较少公司股份的 CEO 的报酬对股东财富变化的敏感性就平均而言是非常小的。

6. 关于资本市场对公司的监控问题的研究

在 20 世纪 80 年代之前，资本市场一直是美英等国控制公司的最重要的手段，但数次兼并浪潮以及对兼并后绩效的考察，使人们对资本市场监控公司的有效性发生了怀疑。对此，有两种截然不同的观点：反对观点认为，资本市场监控公司会引起过度兼并，而这种兼并活动的代价过高，无论对股东还是整个社会来说都是不适当的。Davis 和 Kay（1990）认为，兼并实施公司控制的主要缺陷之一就是兼并公司的股东面临着较大的风险。有证据表明，兼并后公司的股价并不增加，反而会下跌，增加的只是被兼并公司的股价（Schliefer 和 Summers，1988）。这也从侧面反映出公司做出兼并决策并不一定是从股东利益出发的。支持观点则认为，资本市场是有效的，接管是控制公司的一般方式。（Jensen，Mecking，1976）指出，当内部变化受到来自现职管理层的阻碍时，资本市场是重构公司的渠道之一。

人们可以看出，关于资本市场有效性的争论，关键不在于是否有资本市场对公司的监控问题，而在于利用资本市场进行监控的程度。

7. 关于资本结构与企业治理的关系研究

Williamson Oliver E.（1988）从交易成本的角度，提出了一种把公司财务和公司治理相结合的分析方法，以及债务治理（Debt Governance）的概念，并运用资产专用性（Asset Specificity）分析企业治理与债务治理的关系，认为对于资产专用性低的项目不仅易于而且应当采用债务融资。资本结构与企业治理的关系还表现在银行等金融机构作为债权人在企业治理中地位。Dimsdale（1994）指出，在英国，银行系统对公司接管和重组起了推波助澜的作用。此外，青木昌彦和钱颖一等人对转轨经济中的企业治理做了大量卓有成效的研究工作，提出了一种在企业经营不佳时银行起主导作用的相机治理机制（Aoki、Qian，1995）。

8. 关于企业治理与公司伦理道德之间关系的研究

企业内部的腐败现象，以及侵害其他相关利益者事件的增多，使许多学者开始注意到企业伦理问题。Loebbecke 等发现，在对高级管理人员控制薄弱的企业，财务专著舞弊现象越容易发生。Beasly 使用 1980～1991 年的样本，指出独立董事在公司董事会中所占的比例显著地影响虚假财务专著的发生率，独立董事越多，虚假财务专著的发生率越低。他认为，在减少虚假财务专著的发生率中起重要作用的是董事会的构成情况。Carcello 和 Neal 选取的 1994 年的样本，指出对一些陷入财务困境的公司而言，独立董事在审计委员会中的比例越大，注册会计师在其审计专著中对公司能否持续经营表示意见的可能性就越大。

美国反舞弊财务专著委员会（Treadway）的发起组织 COSO 以美国证监会（SEC）发布的《会计和审计法规执行公报》中所列的 1987～1997 年的财务专著舞弊案例为总样本，随机选取了涉及近 300 例舞弊案件的有财务舞弊行为的 200 家公司作为研究样本，结果发现，有 72% 的案例涉及首席执行官（CEO），有 43% 的案例涉及首席财务官（CFO）。25% 的舞弊公司没有设立审计委员会。

二、国内学者关于企业治理研究文献综述

第一，从委托代理的角度，主要探讨企业中的激励与约束机制问题。主要代表人物有吴敬琏、周其仁、张维迎、崔之元、杨瑞龙、周业安和李维安等。①吴敬琏认为，所谓公司治理是指由所有者、董事会和高级经理三者组成的一种组织结构，在这种结构中，上述三者之间形成一定的制衡关系；②周其仁、张维迎系统探讨了控制权对在职经营者的激励和约束功

能。张维迎认为，公司治理的目的是解决两个基本问题：一是激励问题，二是经营者选择问题，张维迎认为在公司的产权安排上，非人力资产所有者拥有公司资产的剩余控制权，并同时享有剩余索取权，这样的产权安排有利于激励股东去监督公司经营者；③崔之元、杨瑞龙和周业安等从如何实现产权明晰、政企分离以及国有企业的委托代理关系等方面的角度，就国有企业改革过程中存在的某一方面的企业治理问题进行了深入研究。杨瑞龙认为，国企改革应实现治理结构的创新，其核心是扬弃"股东至上主义"，遵循"共同治理"，强调利益相关者的权益（崔之元，1996；杨瑞龙、周业安，1997、1998）；另外，李维安认为公司治理应该从更广泛的利益相关者的角度，从权利制衡和决策科学两个方面去理解，公司治理不是为了制衡而制衡，而是应如何使公司最有效地运行，如何保证各方面的参与人的利益得到维护，因此，科学的公司决策不仅是公司管理的核心，而且是公司治理的核心、公司治理的目标，不是相互制衡，只是保证公司科学决策的方式和途径。

第二，从交易费用、新制度经济学的角度分析企业产权结构及其对企业治理的影响。主要代表人物有林毅夫和李骥等。林毅夫和李周（1997）、刘芍佳和李骥（1998）强调充分竞争的市场环境会自动带来公司的有效治理，与所有制关系不大。孙永祥和黄祖辉（1999）研究了我国公司的股权结构与公司效率关系，得出了一般假说，即与股权高度集中和股权高度分散的结构相比，有一定集中度、有相对控股股东，并且有其他大股东存在的股权结构，总体而言有利于公司治理。林凌和黄红对81家高科技公司的实证研究也支持了这一假说。

另外也有诸多研究者从不同治理模式的比较和借鉴角度探讨企业治理问题，他们通过介绍和引进英美日等现代企业制度发达国家的公司治理模式的成熟经验，建立公司内部法人治理结构，来解决中国企业的治理问题。可见，国内外学者虽然对公司治理问题已经进行了大量的探索，但是，在研究公司治理问题时往往忽略了公司治理的本质问题，即使触及了也大多只涉及公司治理本质的某一方面，缺乏通盘考虑。对于人力资本参与企业分配的治理等，基本上还没有涉及。

第三节 智力资本入股的通用治理结构重构研究

一、智力资本入股前后企业治理模式的比较

在传统企业治理模式中，有四条基本假设内容：①企业股东是纯物质资本所有者；②企业是物质资本股东的企业，企业的剩余索取权归物质资本所有者，而智力资本所有者不享有企业所有权；③股东所有权与经理层的控制权完全分离，股东（委托人）与董事会领导下的经理层（代理人）之间为单向委托—代理关系；④由于契约的不完备和委托人与代理人利益的不完全一致，所以要界定物质资本所有者和代理人之间的各种关系，并引入一系列的制度安排，以减少"逆向选择"和"道德风险"现象。可见，传统企业治理模式实行的是以物质资本为基础的"单边治理"，治理的目标是怎样使物质资本所有者的剩余索取权得到最优保障。

在实行智力资本入股改革后，与传统的公司治理相比较，有其相同点与不同点。就相同点而言，由于智力资本入股企业无论是形式还是实质都为一股份制公司，遵循着股份制的基本原则，所以这种新的公司治理模式必然是在传统公司治理模式上发展起来的，公司治理结构在形式上大致相同，都有股东（大）会、董事会、经理层和监事会。就不同点而言，传统的企业治理模式假设内容将出现很大变化：①组织资本和关系资本所有者首次具有股东身份，而人力资本所有者则具有股东和劳动者的双重身份，人力资本所有者在公司治理结构中不能再被简单当作经营者和劳动者看待。②企业股东不再局限于物质资本股东，既包括物质资本股东也包括智力资本股东，企业治理结构主体实现了多元化，企业的剩余索取权归物质资本股东和智力资本股东共同所有，因此，企业是物质资本股东和智力资本股东共同所有的企业。企业治理模式实行的是以物质资本和智力资本为基础的"多边治理"。③企业治理结构主体的多元化，必然导致治理目标的变化，公司治理的目标不再是物质资本股东利益最大化，而是保障物质资本所有者和智力资本所有者享有平等的剩余索取权，实现包括智力资本与物

质资本股东在内的所有者权益最大化。

二、智力资本入股后企业治理重心的探寻

1. 人力资本入股后企业治理重心的探寻

人力资本入股改革后，一方面，物质资本控制力虽有所降低，但其股东地位并没有动摇；另一方面，关键人力资本所有者获得了企业股东和劳动者双重身份，其企业剩余控制力较入股前显著加强，而普通人力资本所有者往往仍保持单一劳动者身份，整体上处于弱势。所以，改制后的公司治理必须重点治理约束物质资本股东和关键人力资本股东的合谋行为，重点关注普通人力资本所有者的利益保障。

2. 关系资本入股后企业治理重心的探寻

企业关系资本是一种难以模仿和不可替代的特殊资本，关系着企业与供应商、战略伙伴之间的合作以及与市场客户之间的紧密联系，其不可模仿性和不可替代性使企业的竞争优势得以维持下去，直接影响着企业的效益和发展前景。所以关系资本入股后，其所有者需要继续维护和拓展企业与客户、供应商、合作伙伴及其他利益相关者之间的关系，是企业获取关系租金（实质上是基于特定交换关系产生的一种超额利润）的需要，同时也是关系资本股东的应尽责任和义务。但是由于关系租金的存在，机会主义也可能产生。因此，关系资本入股后的公司治理必须重点治理关系资本股东的机会主义，防范关系资本股东的"不作为"和"关系资本寻租"等"道德风险"。

3. 组织资本入股后企业治理重心的探寻

从组织资本与所在企业的融合度来看，组织资本分为可固化组织资本和不可固化组织资本两类。可固化组织资本主要涉及组织结构和基础资产，这类组织资本一旦引入或形成即可被固化为企业整体资产，不会随着其初始所有者退出企业而流失。不可固化组织资本与其初始所有者保持极强的依附关系，随着其初始所有者的退出而流失，从而蕴藏着"敲竹杠"风险。即使是可固化的组织资本也因其或多或少的通用性而产生"溢出效应"，譬如某特定软件程序在铁路、地铁和飞机等各类交通部门均可以加以改编后运用。可见，组织资本入股后的公司治理必须重点治理约束组织资本出资者履行其公司股东的义务和责任，防范组织资本"敲竹杠"和因"道德风

险"而导致的"溢出效应"等治理风险。

三、智力资本入股后的通用治理制度安排

1. 对传统企业治理模式进行实质性改组和变革

（1）由全体物质资本所有者和智力资本所有者共同组成公司股东大会，实行"按股权比例说话"的决策原则，体现物质资本与智力资本的共同主导。

（2）按普通股权的大小确定董事会内部成员的比例，与独立董事、工会董事（可由工会主席或副主席出任）共同组成公司董事会，董事会领导经理层对企业的重大事项进行决策。

（3）按股权比例确定一定数量的监事会成员，外加一定比例的工会监事组成监事会，监督董事会及其领导下的经理层，使其行为不违背公司全体股东（包括物质资本股东和智力资本股东）利益。

2. 引入保障普通智力资本所有者正当利益救济机制

（1）考虑到普通智力资本所有者力量单薄，为增强其影响力，保障其权益，可成立智力资本持股会，甚至还可进一步细分设立人力资本持股会、关系资本持股会和组织资本持股会。当然，普通智力资本所有者可自主决定加入或不加入智力资本持股会。

（2）改革工会"只对上负责"的现有体制，将"对下（劳方）负责"与"对上负责"有机结合起来，使工会成为保障普通人力资本所有者正当利益的重要救济途径。

3. 建立和完善对智力资本的正式治理制度安排

（1）为智力资本股东建立科学的智力资本出资评价体系，防范智力资本入股过程中"劣币"驱"良币"的"逆向选择"治理风险。

（2）建立智力资本股东履职的科学考核体系，同时建立相应的智力资本股东失权约束制度，目的是督促智力资本股东履行其对公司的忠实义务和责任，防范智力资本入股股东的"道德风险"。由于企业只有通过事后评价才能得知智力资本股东是否在尽力为企业服务，因而，对事后评价为"不作为"的智力资本股东，可以确定一个带警示性质的宽限期，宽限期满仍不能履约达标的智力资本股东，企业可宣布他们不再拥有智力资本股东资格。

（3）引入重大失责约束制度。对于智力资本因"乱作为"和"恶作为"等系列"道德风险"行为给企业带来重大资产损失的，其股东资格失效，同时对企业损失承担相应的补偿责任。

4. 加强智力资本的非正式制度治理机制建设

现实中，企业治理因道德风险或"恶"而产生，前述系列治理举措都属于正式制度治理机制的重要内容，其思路是通过"惩恶、禁恶"来解决智力资本入股企业的治理问题。从长远来看，正式制度无论多么完善也总是有限的。并且由于企业智力资本的特殊性，很多情况下也确实需要通过承诺、信任、声誉、合作和沟通等非正式制度方式来进行智力资本治理。非正式制度治理依靠内心服从恪守，利益主体的心理底线是自觉不做不可观察的有损企业利益的行为，并进而为"责任理念"而自动追求更高层次的"善"或"完美"，显然，非正式制度治理旨在建立一种隐性心理契约的自动履约机制。当然非正式制度治理机制需要以健全的正式制度体系为治理基础和治理后盾。

第四节 "DIM"新范式下智力资本参与剩余分配的专题治理研究

随着产业分工的深入化和复杂化，国际分工格局的重心已经从产业间分工、产业内分工过渡到了产品内分工。在这种崭新的分工格局下，模块化生产网络已成为全球价值链分工体系的主流产业组织模式（Baldwin 和 Clark，2000；青木昌彦等，2003），企业的竞争已从单纯的产业价值"链"的竞争过渡到了产业价值"网络"的竞争。按照李海舰和魏恒（2007）在整合、修正传统"SCP"分析框架的基础上所构建的"DIM"分析框架思想，企业可具体分为模块制造商（Module‐maker）、系统集成商（Integrator）和规则设计商（Designer）三类。其中，规则设计商是某个产业系统的规则或标准设计者，具体为整个模块体系提供一个旨在保证模块间独立性又保证功能一体化的框架性规则（兼容性标准），通常也是该框架性规则或标准的拥有者。系统集成商是某个特定模块化最终产品生产系统的整合者，负责特定模块化系统的分解与整合。模块制造商是具体产业价值网络的基础单元，拥有非核心技术知识与生产要素，负责生产具体的模块，包括专用模块制造商和通用模块制造商两类。专用模块为某个系统集成商所特有，无法与其他系统集成商的界面标准相匹配；通用模块可与多个相似的界面标准对接，实现跨网络匹配。为此，笔者拟从模块化生产网络的全新视角，具体分智力资本参与模块制造商、系统集成商和规则设计商三种类型企业剩余分配的治理制度安排来展开系统研究。

一、智力资本参与模块制造商剩余分配的治理研究

1. 智力资本参与模块制造商剩余分配范式分析

模块制造商是以实体为基础的"躯体"企业，负责生产具体的模块，从事的是产业加工制造环节。根据系统经济学的资源位理论（昝廷全，2005），资源可分为硬资源和软资源两大类，从资源的整合结构来看，模块制造商主要是硬资源和硬资源的整合，整合范围限于模块制造商的自身边界，经济效益的获取几乎全部依赖硬资源。可见，模块制造商的关键资本是物质资本而非智力资本，智力资本整体含量非常低。因而，模块制造商的劳资分配范式是一种物质资本主导的传统分配范式（肖曙光，2011），其智力资本注定要被物质资本所雇佣，智力资本很难参与模块制造商剩余分配。随着竞争激烈程度的提高，当然也不排除由模块制造商物质资本股东在一定条件下（如完成多少税后增加值、实现多少税后增加值复合增长率等）对以企业家为代表的关键人力资本所有者（普通人力资本所有者一般被排斥在外）给予一定虚拟股票期权奖励形式，但该部分奖励带有模块制造商资方的某种"让利"与"施舍"性，"让利多少、让利多久甚至让利与否"全凭模块制造商资方说了算。

2. 模块制造商的分配治理重心

物质资本主导的模块制造商劳资分配中，物质资本处于强势地位，而人力资本特别是普通人力资本处于弱势。因此，模块制造商的劳资分配治理必须重点防范物质资本股东滥用强势地位的行为，杜绝"富士康系列跳楼事件"及类似悲剧的重演。但在物质资本产权虚化的国有企业，也需要关注和约束关键人力资本所有者（主要指企业家、经理层等）通过"内部人控制"方式损害物质资本所有者以及普通人力资本所有者的利益。

3. 模块制造商的分配治理安排

（1）模块制造商剩余所有权与控制权制度安排。①模块制造商股权由普通股权（必要时可设立优先股权）组成；②普通股权由全体物质资本股权构成，物质资本股东共同组成股东（大）会，股东（大）会是模块制造商最高权力机关，实行"按股权比例说话"（优先股权无表决权）的决策原则；③按普通股权的大小确定董事会内部成员的比例，与独立董事、工会董事（可由工会主席或副主席出任）共同组成董事会，董事会领导经理层行使决策权、分配权；④按股权比例确定一定数量的监事会成员，外加一定比例的工会监事组成监事会，行使监督权。

（2）引入保障人力资本所有者正当利益救济机制。①赋予工会代表劳方与资方进行有组织的谈判职责和权力，并改革工会"只对上负责"的现有体制，将"对下（劳方）负责"与"对上负责"有机结合起来，使工会成为救济人力资本，特别是普通人力资本所有者弱势地位的重要途径；②必要时可考虑在宪法框架下允许劳方进行有组织的、适度的罢工表达。

二、智力资本参与系统集成商剩余分配的治理研究

1. 智力资本参与系统集成商剩余分配范式分析

系统集成商是以实体与知识相结合为基础的"小脑袋"企业，从事的是产业加工制造以外的研究开发、展览营销和营运管理产业环节，具体通过制定适当的任务结构与"界面规则"，整合产业某个特定模块化最终产品生产系统。从资源的整合结构来看，系统集成商主要是硬资源和软资源的整合，整合范围为某个特定模块化最终产品生产系统。可见，系统集成商的关键资本既包括物质资本也涉及智力资本。因而，系统集成商的剩余分配是一种智力资本与物质资本共同主导的分配范式（肖曙光，2011）。智力资本参与剩余分配通常采取"部分智力资本"参与剩余分配形式，实施对象为部分关键智力资本，包括：①关键人力资本所有者，如高级管理人员、核心技术人员等；②与企业效益及发展前景紧密联系的关键组织资本，如专利、发明、商标和特殊非专利技术等；③与企业效益及发展前景紧密联系的特殊关系资本，如特定战略伙伴关系、重要客户和供应商关系、有利协议及合同和市场中介关系等。

2. 系统集成商的分配治理重心

物质资本股东和关键智力资本股东共同主导系统集成商劳资分配后，一方面，物质资本控制力虽有所降低，但其股东的地位并没有完全动摇；另一方面，关键组织资本和关键关系资本所有者首次具有股东身份，而关键人力资本所有者则具有股东和劳动者的双重身份，关键人力资本所有者在企业治理结构中不能再被简单当作经营者和劳动者看待，因而，关键智力资本分配控制力较传统分配范式显著加强。而普通智力资本所有者在系统集成商中扮演的角色与传统企业分配范式无异，仍然处于传统的雇佣者地位，整体上处于弱势。所以，系统集成商的分配治理必须重点解决好以下四个问题：①体现物质资本和关键智力资本的共同主导；②约束关键智力资本出资者履行其企业股东的义务和责任；③防范物质资本股东和关键智力资本股东的合谋行为风险；④关注普通智力资本所有者的利益保障。

3. 系统集成商的分配治理安排

（1）系统集成商剩余所有权与控制权制度安排。①系统集成商的股权全部为普通股权，由全体物质资本股东和关键智力资本股东共同组成股东（大）会，股东（大）会是系统集成商的最高权力机关，实行"按股权比例说话"的决策原则，体现智力资本与物质资本的共同主导；②按普通股权的大小确定董事会内部成员的比例，与独立董事、工会董事（可由工会主席或副主席出任）共同组成系统集成商董事会，董事会领导经理层行使决策权、分配权；③按股权比例确定一定数量的监事会成员，外加一定比例的工会监事组成监事会，监督董事会及其领导下的经理层。

（2）引入保障普通智力资本所有者正当利益救济机制。①考虑到单个普通智力资本所有者势单力薄，可通过设立群体制度安排来增强其影响力，保障其权益，具体可设立智力资本持股会，甚至还可进一步细分设立人力资本持股会、关系资本持股会和组织资本持股会。当然，普通智力资本所有者可自主决定加入或不加入智力资本持股会，智力资本持股会可按持股比例提名一定代表进入规则设计商董事会、监事会和董事会领导的经理层；②为防止关键人力资本所有者与物质资本股东共谋侵害普通人力资本所有者权益，应像模块制造商一样加强工会建设，使工会成为保障普通人力资本所有者正当利益的重要救济途径；③为避免普通人力资本所有者受到过度压榨，政府也应对普通人力资本提供者报酬进行必要的干预，如及时更新最低工资标准、出台工资年度增长指导政策等。

（3）建立和完善关键智力资本出资者履行其企业股东的义务和责任的治理制度安排。①建立和完善关键智力资本股东履职的科学考核体系，在具体设置考核指标时，不同类型的关键智力资本的考核也应有所区别，如对关键人力资本考核的侧重点可包括工作能力、工作数量、工作质量、工作态度和工作时间等，对关键组织资本考核的侧重点可包括组织资本的价值性、稀缺性和模仿难度等，而对关键关系资本考核的侧重点可包括关系的价值性、关系的强度、关系的持久性、关系的频率以及关系的扩展等；②与后文将述及的规则设计商的治理制度类似，建立关键智力资本出资者的智力资本股东失权与赔偿约束制度，防范智力资本股东"道德风险"治理风险。

三、智力资本参与规则设计商剩余分配的治理研究

1. 智力资本参与规则设计商剩余分配范式分析

规则设计商是以智力（知识）为基础的"大脑袋"企业，负责整个模块系统的规则或标准设计，专门负责产业的规则或标准设计环节。规则或标准的设计是产业价值链的最高环节，谁的标准为世界所认同，谁就将引领整个产业的发展潮流。规则设计商获取经济效益主要依赖软资源，它是软资源和软资源的整合，整合范围扩展到整个产业。可见，规则设计商的核心竞争力在"智"而不是"物"，智力资本所有者在规则设计商的分配权威配置博弈中拥有"绝对"的话语权，其剩余分配范式是一种智力资本主导下的分配范式（肖曙光，2011），这种分配范式主导权的颠覆调整必然涉及传统利益格局变动，但在智力资本"一统天下"、物质资本过剩甚至绝对过剩的产业规则设计商中，物质资本所有者被动甚至主动甘愿接受智力资本所有者的分配主导是大势所趋。所以规则设计商通常选择智力资本全参与企业剩余分配形式，实施对象为全体智力资本。

2. 规则设计商的分配治理重心

（1）人力资本参与剩余分配后企业治理重心的探寻。对于规则设计商，物质资本股东的地位（一般为优先股股东）显著降低，其控制力得到很大削弱；与此同时，人力资本所有者获得了股东和劳动者的双重身份，人力资本，特别是关键人力资本所有者的控制力得到显著加强。如缺乏有效治理，关键人力资本所有者可能在获取股东利益的同时，通过职务消费等形

式侵蚀物质资本股东和普通人力资本所有者的利益，所以，物质资本股东和普通人力资本股东在规则设计商中整体上处于弱势。产业规则设计商必须重点治理约束关键人力资本股东的不端行为，重点关注物质资本股东和普通人力资本股东的利益保障制度安排。

（2）关系资本参与剩余分配后企业治理重心的探寻。企业关系资本包括战略伙伴、客户、供应商、有利合同和市场中介等。可见，关系资本是一种难以模仿和不可替代的特殊资本，关系着企业与供应商、战略伙伴之间的合作以及与市场客户之间的紧密联系，其不可模仿性和不可替代性使企业的竞争优势得以维持下去，直接影响企业的效益和发展前景。所以关系资本入股后，其所有者需要继续维护和拓展企业与客户、供应商、合作伙伴及其他利益相关者之间的关系，是企业获取关系租金（实质上是基于特定交换关系产生的一种超额利润）的需要，同时也是关系资本股东应尽的责任和义务。但是随着关系租金的存在，机会主义也可能产生。因此，关系资本参与剩余分配后的企业治理必须重点治理关系资本股东的机会主义，防范关系资本股东的"不作为"和"关系资本寻租"等"道德风险"。

（3）组织资本参与剩余分配后企业治理重心的探寻。组织资本可分为组织结构（结构和制度文化），知识产权（专利、商标、著作权、商誉和研发能力），基础资产（信息系统、数据库以及信息流程）三个部分。从组织资本与所在企业的融合度来看，组织资本分为可固化组织资本和不可固化组织资本两类。可固化组织资本主要涉及组织结构和基础资产，这类组织资本一旦引入或形成则可被固化为企业整体资产，不会随其初始所有者退出企业而流失。不可固化组织资本与其初始所有者保持极强的依附关系，随其初始所有者的退出而流失，从而蕴藏着"敲竹杠"风险。即使是可固化的组织资本也因其或多或少的通用性而产生"溢出效应"，譬如某特定软件程序在铁路、地铁和飞机等各类交通部门均可以加以改编后运用。可见，组织资本参与规则设计商剩余分配后，必须重点治理约束组织资本出资者履行其企业股东的义务和责任，防范组织资本"敲竹杠"和因"道德风险"而导致的"溢出效应"等治理风险。

3. 规则设计商的治理制度安排

（1）规则设计商剩余所有权与控制权制度安排。①规则设计商股权分为普通股权和优先股权两部分，由全体股东组成股东（大）会，股东（大）会是规则设计商的最高权力机关，实行"按股权比例说话"决策原则，但优先股无表决权，其持股人不参与规则设计商经营管理；②普通股权全部由智力资本股权组成，其股东拥有规则设计商经营权。具体按普通股权的大小确定董事会内部成员，与独立董事共同组成董事会，董事会领导经理层对规则设计商的重大事项进行决策，体现智力资本的主导性。③优先股权全部由物质资本股权构成，其持股人在领取固定股息基础上可视情况约定参与或不参与一定比例的股东可分配增加值分配。为公平起见，智力资本所有者投入的物质资本股权也一律列为优先股权，这样处理的好处是：对于同时投入物质资本与智力资本的出资者来说，由于兼具普通股东和优先股东身份，可在一定程度上提高智力资本所有者的约束力度。④按普通股权比例确定一定数量的监事会成员，外加一定比例的工会监事组成监事会，监督董事会及其领导下的经理层，使其行为不违背企业全体股东（包括物质资本股东和智力资本股东）利益。

（2）引入保障普通智力资本所有者正当利益救济机制。①考虑到普通智力资本所有者单个力量单薄，为增强其影响力，保障其权益，可设立智力资本持股会，甚至还可进一步细分，设立人力资本持股会、关系资本持股会和组织资本持股会。当然，普通智力资本所有者可自主决定加入或不加入智力资本持股会，智力资本持股会可按持股比例提名一定代表进入规则设计商董事会、监事会和董事会领导的经理层。②改革工会"只对上负责"的现有体制，将"对下（劳方）负责"与"对上负责"有机结合起来，使工会成为保障普通人力资本所有者正当利益的重要救济途径。

（3）建立和完善对全体智力资本的正式治理制度安排。①为智力资本股东建立科学的智力资本出资评价体系，防范智力资本入股过程中"劣币"驱赶"良币"的"逆向选择"治理风险；②建立智力资本股东履职的科学考核体系，同时建立相应的智力资本股东失权约束制度，以督促智力资本股东履行其对企业的忠实义务和责任，防范智力资本股东"道德风险"治理风险。由于企业只有通过事后评价才能得知智力资本股东是否在尽力为企业服务，因而，对事后评价为"不作为"的智力资本股东，可以确定一个带警示性质的宽限期，宽限期满仍不能履约达标的智力资本股东，企业可宣布他们不再拥有智力资本股东资格；③引入重大失责约束制度。对于智力资本因"乱作为"和"恶作为"等系列"道德风险"行为给企业带来重大资产损失的，其股东资格失效，同时对企业损失承担相应的赔偿责任。

第五节 智力资本入股企业的通用风险防范

一、企业治理的本质及其风险防范分析框架构建

1. 企业治理的本质探源

国内外学者对企业治理的本质已进行了大量探讨，但迄今仍未形成共识，归纳起来大致有四种主要观点：①权力制衡论，认为企业治理本质上是一种权力制衡，具体又细分为内部权力机构相互制衡论和利益相关者相互制衡论。前者主张企业治理本质是股东、董事会及其领导的经营层与监事会之间的相互制衡，而后者主张企业治理本质是利益相关者之间的相互制衡，不仅包括内部利益相关者还包括外部利益相关者。②监督激励论，认为企业治理本质上就是通过监督和激励企业代理人，解决代理问题。③所有权论，认为企业治理的本质就是对企业剩余索取权和控制权分配的制度性安排。④组织结构论，认为企业治理就是企业治理结构，即股东、董事会及其领导的经营层以与监事会等组成的组织结构。本书认为，这四种观点就其具体视角而言都有其道理，也是非常合理的，但并没有抓住具体视角问题产生的一般化根源，即没有进一步去探究企业"权力制衡、监督激励、对剩余索取权和控制权分配以及组织治理结构"的产生根源及其一般化，也就是说并未抓住所主张企业治理"本质"的本质。本书认为，上述企业治理"本质"的产生都可归结于解决企业治理"矛盾或冲突"，也即需要解决本书所定义的相容性问题。所谓"相容"，本意是指系统中要素与要素之间，以及要素与整体之间要协调一致不产生矛盾或冲突，如果存在矛盾或冲突，则认为是"不相容"，所以，相容性也叫作无矛盾性。但是，矛盾是普遍存在的，现实中不相容无处不在，对于企业系统也是这样。企业系统中，众多利益主体（如企业、股东、股东代表、董事会成员、经理层等）由于其各自的实际利益、具体追求目标、要求和所处环境等不可避免地存在差异，导致人与人之间以及人与事之间或多或少地存在某些冲突或矛盾，从而出现不相容。虽然对于不同的企业或同一企业的不同时期

来说，其不相容程度不同，但不相容是一个不争的普遍现象。因此，某种意义上完全可以这么说，没有"矛盾或冲突"，就没有企业治理。将企业治理"本质"的本质归结于解决企业治理"矛盾或冲突"无疑更具合理性。

2. 企业治理风险防范的分析框架构建

面对企业治理存在的各种纷繁复杂"矛盾或冲突"，本书将其归纳提炼为三类相容性风险问题：①利益主体利益不一致而引起的利益相容性问题；②代理人能力与企业发展要求不相容而引起的能力相容性问题；③信息不对称、信息不完全和信息不完美与企业抉择要求不相容而引起的信息相容性问题。其中，第一类问题为利益和动机问题，第二类问题是认识和能力问题，第三类问题是信息制约问题。这三类不同性质的相容性问题共同影响着企业治理风险，制约了企业的持续健康发展。于是，本书把企业治理"本质"的本质进一步具体归结于解决企业治理的三类相容性风险问题，这实际上构建了企业治理风险的分析框架。目前，业界在探讨企业治理本质以及治理风险问题时都或多或少带有较大片面性，缺乏通盘考虑，对第一类问题关注得较多，而对第二类、第三类问题缺少关注或者关注特别少，这不利于企业治理本质的认识，也不利于企业治理风险的防范。

二、利益相容性风险及其防范制度安排

1. 利益主体之间的利益相容性风险分析

相比传统企业，智力资本入股企业利益主体最大的变化体现在企业股东不再局限于物质资本股东，而是既包括物质资本股东也包括智力资本股东。这种变化无疑显著压缩了传统企业中物质资本股东和处于雇佣劳动者身份的智力资本所有者之间的利益基点差异空间，解决了长期困扰传统企业的委托人与代理人之间的激励不相容问题。但由于"经济人"与机会主义的客观存在，利益相容性风险并没有完全消除，并且相比传统企业还带来了一些新的变化。智力资本入股企业中，组织资本和关系资本所有者首次具有股东身份，而人力资本所有者则具有股东和劳动者的双重身份，人力资本所有者在企业治理结构中不能再被简单当作经营者和劳动者看待。相应地，各企业利益主体的利益差异也发生了某些变化：首先从时间上看，有的利益主体在企业中注重其长期利益，而有的利益主体在企业中注重其短期利益。具体来说，①物质资本、组织资本和关系资本股东拥有单一的

股东身份，其追求的是实现资产增值，利益行为偏重长期化；②普通人力资本所有者往往仍保持单一劳动者身份，追求的是当期收入和福利，其利益行为偏重短期化；③关键人力资本所有者具有股东和劳动者的双重身份，既追求长期的资产增值，又不愿轻易放弃原有的最大化当期收入和福利追求目标。其次，从形式上看，物质资本、组织资本和关系资本股东等利益主体的利益形式多为有形的物质利益，而人力资本所有者利益主体的利益形式则既追求有形的物质利益，也注重无形的非物质利益。最后，从利益获取的强势程度看，相比传统企业则表现得更为复杂，具体来看，①物质资本控制力虽有所降低，但其股东地位并没有动摇；②关键人力资本所有者获得了企业股东和劳动者双重身份，其企业剩余控制力较传统企业显著加强，更容易形成企业"内部人控制"现象；③普通人力资本所有者往往仍保持单一劳动者身份，整体上处于弱势；④组织资本和关系资本是一种难以模仿和不可替代的企业特殊资本，是企业竞争优势的重要来源，整体上处于强势。

显然，对于不同类型利益主体来说，其动机和行为是不同的，表现出明显的非同质性，从而蕴含着矛盾和风险。所以，对于智力资本入股企业，其利益相容性风险是客观存在的，且由于智力资本入股类型的不同，其利益相容性风险的防范重点也有所差别，具体是：①对于人力资本入股企业来说，其治理重心是治理约束物质资本股东和关键人力资本股东可能出现的合谋行为，重点关注普通人力资本所有者的利益保障；②对于关系资本入股企业来说，关系资本股东在维护和拓展企业关系网络时，容易从交换关系中获得超额利润，也即关系租金，伴随关系资金的存在，机会主义也可能产生，其治理重心是治理关系资本股东的机会主义，防范关系资本股东的"不作为"和"关系资本寻租"等"道德风险"；③对于组织资本入股企业来说，不可固化的组织资本会产生溢出效应，其治理重心是重点治理约束组织资本出资者履行其企业股东的义务和责任，防范组织资本的"敲竹杠"和因"道德风险"而导致的"溢出效应"等治理风险。

2. 利益相容性风险的防范制度安排

防范利益相容性风险可从重构或建立利益主体的利益保障诉求平台和利益保障配套机制两方面着手：

（1）重构利益主体的利益保障诉求平台。一是重构"按资本说话"的"用手投票"的利益保障投票机制，具体为：①重构企业的最高权力机关，由全体物质资本所有者和智力资本所有者共同组成企业股东（大）会；②改组企业的经营决策机关，按物质资本和智力资本的比例确定董事会内部成员各自所占比例，与独立董事共同组成董事会，董事会领导经理层对企业的重大事项进行决策；③重构企业监事会，按物质资本和智力资本的比例确定监事会成员各自所占比例，以监督董事会及其领导下的经理层，使其行为不违背企业全体股东（包括物质资本股东和智力资本股东）利益。二是完善"用脚投票"的利益保障"投票"机制，具体包括主动退出和被动退出两类。前者主要是赋予由于个人价值取向和思维方式的不同，当利益主体与企业决策者利益不相容并认为"用手投票"已不能调和时的"用脚投票"机制。而后者主要是针对智力资本因"乱作为"和"恶作为"等系列"道德风险"行为给企业带来重大资产损失等情形，其股东资格失效，同时对企业损失承担相应的补偿责任的"用脚投票"机制。

（2）建立利益主体的利益保障配套机制，具体为：①建立智力资本承担有限责任的制度安排，由于智力资本为无形资本，其不可能像物质资本一样在财务上直接履行有限责任。因此，要使智力资本承担财务上的有限责任就必须有相应的特殊制度安排；②建立智力资本股东履职的科学考核体系，同时建立相应的智力资本股东失权约束制度，目的是督促智力资本股东履行其对企业的忠实义务和责任，防范智力资本入股股东"道德风险"治理风险；③引入普通智力资本所有者利益救济保障机制。由于单个普通智力资本所有者势单力薄，可考虑借助团队力量来增强其影响力及保障其权益，如成立企业智力资本持股会，完善企业工会制度安排等，使之成为保障企业普通智力资本所有者利益的重要救济途径。

三、代理人能力相容性风险及其防范制度安排

1. 代理人能力相容性风险分析

企业代理人，特别是企业实际控制人驾驭市场的能力往往决定着企业的前途和命运。企业的发展要求其代理人有丰富的专业知识和很强的管理能力且能够自律。但企业是一个复杂的经济实体，各企业代理人不可能具有企业经营的各方面知识和能力。因为即使人类作为一个整体具有无限的学习能力，但是作为一个具体的自然人，其对新事物的学习能力和对新环境的适应能力仍然是有限的。而技术、社会、经济的条件经常会使企业的

生存环境发生断裂性、突破性的质的变化，在上阶段形成而且适用的认知模式，在新阶段可能会变得完全不符合实际，此时，原来的经验会变成包袱，历史的优势将成为企业持续健康发展的障碍，因为企业代理人的认知模型与新环境要求发生了重大错位。因各种因素影响，我国很多企业意志经常演化为企业多层代理人的意志，甚至演化为企业实际控制人个人的意志。由于我国市场经济制度建立和培育的时间较短，经理市场特别是高度竞争的经理市场的发育尚处于起步阶段，企业家资源奇缺。导致我国企业代理人能力与环境要求严重不相容，代理人决策失误频频。因企业代理人，特别是企业实际控制人严重决策失误和经营管理失控致使企业衰败甚至倒闭的不乏其例。这种由于企业代理人认识问题、认知模型的偏好和刚性化所造成的企业管理决策风险，绝不是用给企业代理人股份或者股份期权所能解决的。

2. 代理人能力相容性风险的防范制度安排

代理人能力相容性风险可通过企业内部治理和外部治理两个方面的制度安排来防范。其中，企业代理人能力相容性风险的内部治理思路与"三个臭皮匠赛过诸葛亮"所蕴含的哲学思想相通，即通过群体决策方式来有效弥补企业代理人个体能力的不足。具体制度安排包括：①采用股东（大）会、董事会及其领导的经理层、监事会等群体决策制度安排。各委员会既是利益主体行使权利的利益诉求保障机制，也是弥补单个治理主体知识和能力不足从而有效提高决策科学性的保障机制。②加强董事会专门委员会制度建设，各专门委员会的设立和良好运转可有效发挥分工与协作功效，有助于董事会和企业代理人对重大关键问题做出客观判断。而企业代理人能力相容性风险的外部治理的思路有两条：一是借助外部机制提高单个代理人个体素质；二是借助社会专业外脑来进一步提高企业内部群体决策能力，具体制度安排可包括：①建立企业代理人市场化的选择机制，改变我国经济中起主导作用的国有企业中主要由政府行政任命国有企业实际控制人和主要代理人的制度安排，从而改善企业实际控制人和主要代理人生成机制；②积极培育职业经理人市场，给在位经理层营造充满压力的外部环境，从而迫使其持续努力提高自身素质和决策能力；③借助社会专业外脑（如从事专业知识和技术服务的中介机构、咨询企业、企业顾问等）等救济性制度安排进一步提高企业内部群体决策能力，减少企业重大决策失误；④健全独立董事制度。因为独立董事大多是某一方面的专家，独立董事通过参与企业董事会会议，将自己的专业知识和对市场的把握体现在企业的重大决策中，有助于提高企业决策的科学性，使企业持续健康发展。

四、信息相容性风险及其防范制度安排

1. 信息相容性风险分析

信息不相容包括信息不完全、信息不对称、信息不完美三种类型，其形成主要归因于各种客观因素，如社会分工导致的信息分布不对称，信息搜寻成本的存在、获取信息的时空限制等。当信息不相容与人的利益和动机因素相结合时就容易产生两种信息相容性风险，其一是逆向选择，其二是道德风险。逆向选择产生于签约之前，属于事前信息相容性风险，而道德风险产生于签约之后，属于事后信息相容性风险。信息相容性风险广泛存在于智力资本入股企业，而不同的智力资本入股类型又表现出不同的信息相容性风险情形：①关于人力资本入股的信息相容性风险。人力资本入股前，高级管理人员、核心技术人员等成为企业人力资本股东的候选人，企业不能完全了解人力资本股东候选人的能力，属于信息劣势方，而候选人作为有限理性的经济人在入股时有动机彰显甚至夸大其有利私人信息并隐匿其不利私人信息，容易导致企业高估其人力资本出资额而有损企业利益；如果整体低估人力资本所有者又可能出现人力资本市场逆向选择风险，使企业不能纳入适合企业发展的人力资本股东候选人，同样有损企业利益。人力资本入股后，人力资本股东在企业中任职，是信息绝对优势方，人力资本股东特别是关键人力资本股东群体可能合谋利用优势信息形成较传统企业更为严重的"内部人控制"格局。②关于关系资本入股的信息相容性风险。关系资本入股后，关系资本股东有义务维护和拓展企业与其他利益相关者的关系，为企业获取基于特定关系产生的超额利润（关系租金）。但由于企业对战略伙伴、客户、供应商和市场中介等关系资本股东行为信息掌握不全面、不对称，容易导致关系资本股东不作为和进行关系资本寻租的道德风险。并且，在选择关系资本股东时也存在签约前信息不相容致使一些不合适的关系资本所有者通过投机取巧而成功签约企业关系资本股东身份契约，而真正适合企业发展的关系资本又被排除在企业关系资本股东之外，形成"劣币"驱赶"良币"的逆向选择风险。③关于组织资本入股的信息相容性风险。同理，不难分析得出，组织资本入股前，不管是可固

化的组织结构资本、基础资产资本，还是不可固化的知识产权资本，也和人力资本、关系资本入股一样会产生事前逆向选择风险。而在组织资本入股后也将同样存在道德风险。并且由于组织资本存在较强的"溢出效应"性质，使企业容易陷入一种改善智力资本载体信息相容性容易导致智力资本"知识外溢"的两难选择境地。

2. 信息相容性风险的防范制度安排

根据信息相容性风险的成因以及智力资本的特点，智力资本入股企业的信息相容性风险可以从三个方面来着手防范。

（1）提高信息的透明度，具体措施包括：①提高信息的对外透明度，为此需要完善对外信息披露机制，让信息劣势方能够及时了解完整相关信息。但由于智力资本容易产生溢出效应，也必须同步建立相应配套措施以保护企业知识产权和商业秘密；②提高信息的对内透明度，具体可通过建立关系资本与组织资本的企业内化与内部共享体系来实现。关系资本与组织资本一旦入股就成为企业不可或缺的一部分资产或资本，其股东将所入股关系资本与组织资本交由企业内化与共享是其履行出资的基本责任。一个完善的关系资本与组织资本企业内化与共享体系既可促进信息在企业内部高效传递，又能降低监督成本，并相当程度上压缩关系资本与组织资本所有者的机会主义空间。

（2）抑制机会主义空间，具体措施包括：①建立和完善关键智力资本股东履职的科学考核体系，在具体设置考核指标时，不同类型的关键智力资本的考核也应有所区别，如对关键人力资本考核的侧重点可包括工作能力、工作数量、工作质量、工作态度和工作时间等，对关键组织资本考核的侧重点可包括组织资本的价值性、稀缺性和模仿难度等，而对关键关系资本考核的侧重点可包括关系的价值性、关系的强度、关系的持久性、关系的频率以及关系的扩展等；②建立关键智力资本出资者的智力资本股东失权与赔偿约束制度，防范智力资本股东"道德风险"治理风险。③营造自我约束的企业文化氛围，由于智力资本的固有特性，智力资本信息相容性风险的防范不仅需要正式制度来制约，很多情况下也确实需要通过承诺、信任、声誉、合作和沟通等非正式制度方式来补充。

（3）降低信息搜寻成本，具体措施包括：①建立全国性的智力资本的诚信体系，形成强有力的智力资本外部市场声誉约束机制；②畅通信息传播渠道，改进企业对外信息披露方式，如尽可能采用互联网电子信息披露方式等；③建立与完善企业内部信息电子平台交流与共享体系，开放的企业内部信息电子平台交流与共享能显著降低企业内部搜寻信息成本，提高信息传递与利用效率，但为防止企业智力资本"知识外溢"的负面效应，实践中可对相关信息实行等级开放制度，使信息只对相应层级的内部治理主体开放。

第六节　本章小结

本章较为深入系统地研究了保障智力资本与物质资本具有均等机会和同等权力分享企业剩余的公司结构重构及公司治理风险与防范等。具体为：

传统企业治理模式实行的是以物质资本为基础的"单边治理"，治理的目标是怎样使物质资本所有者的剩余索取权得到最优保障。在实行智力资本入股改革后，企业股东不再局限于物质资本股东。企业治理模式实行的是以物质资本和智力资本为基础的"多边治理"，公司治理的目标不再是物质资本股东利益最大化，而是保障物质资本所有者和智力资本所有者享有平等的剩余索取权，实现包括智力资本与物质资本股东在内的所有者权益最大化。

本书研究指出，在"DIM"新范式下，智力资本参与三类企业剩余分配的分配治理分属于三种不同范式：模块制造商——物质资本主导范式，系统集成商——智力资本与物质资本共同主导范式，规则设计商——智力资本主导范式，三类企业的治理制度既有共性又存在很大不同。

本书认为，企业治理的本质是解决"矛盾或冲突"，具体是解决好三类"相容性"问题：①解决利益主体利益不一致而引起的利益相容性问题；②解决代理人能力与企业发展要求不相容而引起的能力相容性问题；③解决信息不对称、信息不完全和信息不完美与企业抉择要求不相容而引起的信息相容性问题。本章首先通过探源企业治理的本质构建了企业治理风险的分析框架。在此基础上，结合智力资本与物质资本的差异性，首次探讨了企业智力资本入股的三类"相容性"问题，并提出了相应的风险防范制度安排。

第八章　智力资本入股的会计制度安排研究

从制度安排的角度来说，会计的职能本质是为实现三种职能活动而构建的一系列制度安排体系：一是以货币度量形式将企业发生的所有经营业务进行确认、记录的系列制度安排；二是以货币度量形式将企业的实际经营效果进行核算的系列制度安排；三是以财务报告的形式将企业经营相关情况进行报告的系列制度安排。为保障智力资本与物质资本具有均等机会和同等权力分享企业剩余，本章进行了智力资本入股的会计制度安排研究。先从分析会计职能本质入手构建了会计制度体系的整体分析框架；在此基础上重构了智力资本入股视角的企业会计制度体系，具体包括智力资本入股视角的会计确认记录制度安排、会计核算制度安排和会计报告制度安排等。

第一节　会计的职能本质及其制度安排整体分析框架构建

一、会计的职能本质分析

会计是企业管理的一项重要基础性工作，会计作为一门商业语言，它的职能本质又是什么呢？从不同的角度来看，可谓仁者见仁，智者见智。就目前学术界对会计本质的讨论来看，大体可以归纳为三大观点。第一种观点是会计信息系统论，以葛家澍、余绪缨为代表的诸多学者认为，会计是一个以提供财务信息为主要目的的经济信息系统；第二种观点是会计管理活动论，以阎达五、杨纪琬等为代表的诸多学者认为会计是一种管理活动，会计管理是对企业的价值运动进行管理的一种重要形式；第三种观点是会计控制活动论，这种观点建立受托责任观之上，以杨时展、伍中信等为代表的学者认为，会计就是一种以认定受托责任为目的并对会计计量结果有控制作用的控制系统。

笔者认为，从制度安排的角度来说，会计的职能本质是为实现三种职能活动而构建的一系列制度安排体系：一是以货币度量形式将企业发生的所有经营业务进行确认、记录的系列制度安排；二是以货币度量形式将企业的实际经营效果进行核算的系列制度安排；三是以财务专著的形式将企业经营相关情况进行专著的系列制度安排。

二、传统会计制度在智力资本入股企业的局限性

1. 传统会计方式对智力资本的确认违背了会计原则

在传统的农业和工业经济条件下，机器设备、厂房等固定资产在企业发展经营中占据主导地位，而以人力资本、知识产权、专利技术等为代表的智力资本所占比重很小。在这种条件下，企业对自创的无形资产不予确认，对一些符合资本确认条件的无形资产不加以处理，或者说某些专利权、商标权只是在依法取得时将其发生的确认费、评估费等相关支出作为期间费用处理，全部计入当期损益。传统会计制度根据重要性原则和谨慎性的原则，如此处理这些无形资产无可厚非。但是在知识经济飞速发展的今天，随着对智力资本的不断研究与开发，研究开发支出已经成为企业智力资本投入的重要组成部分，若此时仍旧将这些费用作为期间费用来处理，不仅违反了会计重要性原则与谨慎性原则，也掩盖了智力资本的巨大价值。

2. 传统的历史成本计量方式不完全适用于智力资本

虽然传统的历史成本计量方式按照取得时的实际成本进行计量，可以保证信息的可靠性与真实性，但是它无法体现智力资本在为企业价值增值过程中所发挥的巨大作用，无法反映智力资本提供的未来经济效益。归纳起来，对智力资本的计量采用历史成本计量存在三个方面的弊端：一是智力资本的取得时点较难确定，因为企业许多智力资本都是随着企业的不断

发展而逐步积累起来的。例如企业文化，其形成并不是在某一个时点上，而是一个长期积累的过程。二是智力资本的实际成本较难确切计量，智力资本不同于其他的有形资本可以按照取得时的市场价值作为其入账价值。如前所述，智力资本形成是一个长期积累的结果，其经过多种因素共同作用而成，故其价值构成也较为复杂，而非简单利用历史成本就可以准确反映。三是即使某些智力资本可以确定其取得时点与初始成本，但是由于智力资本的潜在价值随着企业不断发展而逐渐显现，故其价值处于不断变化发展之中。可见，历史成本原则并不完全适用于智力资本。

3. 传统的资产后续处理方式不适用于智力资本

大多数企业将智力资本视为一项无形资产。根据会计准则，无形资产划分为有限寿命无形资产与无限寿命无形资产。对于前者，传统的资产后续处理方式按照确定的寿命进行摊销。而对于后者，传统的资产后续处理方式则不予摊销，但应当在每个会计年度对其进行减值测试，并计提相应的减值准备。但是对于大多数智力资本来说，随着时间的推移，其价值并不会减少，反而不断增加，所以无形资产的摊销方式并不适用于智力资本。在智力资本入股企业中，智力资本所有者不是企业被雇佣者，也不是单纯的企业投资者，而是企业的所有者，其价值的变动与智力资本所有者自身状态和企业整体的运营状况紧密相关，所以智力资本与普通资本有着本质的区别，不能用简单的折旧或者摊销的方法来处理。

4. 传统财务专著体系不能完整地反映智力资本信息

智力资本在企业价值创造过程中的重要地位日益显露，而传统的财务专著系统信息披露的重点仍旧停留在物质资本上，这显然掩盖了智力资本巨大的潜在价值。从目前出具的智力资本会计专著来看，大多数企业只是将相关的智力资本信息在传统报表附注中反映，将其作为传统财务报表的一个补充内容，予以简单披露，这显然无法真实充分地反映智力资本的数量及质量。并且目前的会计准则还没有对智力资本信息披露做出统一规定，所以智力资本信息披露具有较大的随意性和差异性，各个企业都是根据自身的情况编制智力资本会计报表。如此一来，没有统一的格式以及规范，给智力资本信息使用者造成了极大的不便。特别是对于企业外部信息需求者来说，没有统一的专著格式，不利于他们将不同的企业进行比较，更不利于他们做出投资决策。且在智力资本入股企业中，智力资本所有者已经上升为企业所有者，会计报表必须要做出相应改变，才能反映并维护智力资本所有者的合法权益。

三、智力资本入股企业的会计制度安排整体分析框架构建

为此，本章拟在智力资本入股视角下，从三个方面对会计制度进行重新构造：

一是会计确认与记录制度。对智力资本进行会计要素确认，将智力资产确认为企业的一项资产，同时也将其确认为企业的资本，将其列为所有者权益的一个组成部分。进而正确划分企业资本构成要素的产权归属，明确权益各方的权利与责任。

二是会计核算制度。现在的智力资本核算方式，无论是货币计量方式还是非货币计量方式，主要都是单一地采用成本法或价值法来核算，再辅以相关的非货币信息，本书认为这种方式有其不合理之处。因为智力资本在企业的存续期间，在不同时期所发挥的作用有差别，故不能采用单一的方式一概而论，而应该根据其在与企业中所处的不同时期相应的特点，有差别、有针对性地核算。根据智力资本进入企业的时间顺序，分为投入成本核算、价值变动核算和收益分配核算，不同时期的核算制度又进一步分为会计账户设置、会计计量方式以及会计账务处理三个方面，通过如此分类，可以更加合理且连续地反映智力资本在企业的整个存续期间的价值变动情况，也可以规避由于方法过于单一而可能出现的问题。

三是会计专著制度。智力资本所有者作为企业缔约方之一，和物质资本所有者一样需要了解企业财务类和非财务类相关信息，以便更加高效和准确地做出经营决策。在智力资本入股视角下，智力资本作为企业拥有的一项潜在收益巨大的资产，理应在报表中列示。为了保证传统报表的完整性，智力资本可以在传统报表中列示，可以直接在传统报表中增添相应内容，但是智力资本作为一项特殊的资本，其特殊性也要求本书编制单独的智力资本信息披露报表以更好地反映相关信息，并使企业所有者充分了解并掌握企业智力资本信息进而做出决策。

第二节　智力资本入股企业的会计确认
记录制度安排

一、传统会计确认记录制度在智力资本入股企业的局限

传统企业会计确认记录制度在对智力资本构成要素的确认和产权界定方面过于简单与片面。首先，合理的会计要素确认是整个会计循环得以顺利进行的首要步骤，它关系到要素确认时间、分类等诸多问题。而传统的会计制度并没有意识到智力资本在企业长远发展中巨大创利能力，将企业对智力资本的投入进行简单的费用化处理，列入管理费用、制造费用等有关损益类项目予以归集和核算，并将这些成本支出作为智力资本价值，这掩盖了智力资本的真实价值，更没有将其作为一项潜在价值巨大的资产来对待。其次，产权的界定是维护所有者正当合法权益以及明确各自承担义务的必要条件。而传统的会计制度并没能明确在智力资本入股条件下的产权归属，仍旧站在物质资本所有者的角度，将其作为企业唯一所有者，而将智力资本所有者当作"被雇佣者"。这既无法从根本上调动智力资本所有者的积极性，也无法区分在新形势下企业各方的权、责、利。

二、智力资本构成要素确认制度安排

在智力资本入股前提下，智力资本所有者通过与企业物质资本所有者签订一系列契约，成为企业剩余分配权、剩余索取权的拥有者。智力资本作为企业的一项资产，本书仍旧可以从传统的资产定义的角度对其进行分析与确认，但智力资本又不同于企业传统的物质资本，因为其具有主动性、易变性、依附性等特点，所有对于智力资本及构成要素又不能完全等同于普通物质资本，所以本书认为智力资本应被列为企业的特殊资产并单独列示。

1. 人力资本会计要素确认

《企业会计准则——基本准则》第三章资产规定：资产是指企业过去的交易或者事项形成的，由企业拥有或者控制的，预期会给企业带来经济利益的资源。企业过去的交易或者事项包括购买、生产、建造行为或者其他交易和事项。由企业拥有或者控制是指企业拥有该项资产的所有权或者虽然不能够拥有该项资产的所有权，但该项资产却能够被企业所控制。预期会给企业带来经济利益则是指在企业拥有或者控制该项资产的所有权的条件下，该项资产能够给企业带来经济利益的流入。

根据《企业会计准则——基本准则》的资产定义，人力资本应归属于企业的资产。首先，企业为了获得、开发、利用人力资本必须要付出相应的一系列成本，例如，搜寻成本、培训成本、安置成本等，而这些费用与支出都是由企业过去的交易或者事项形成的。其次，人力资本在一定程度上是可以被企业所控制的，在现代文明的经济社会条件下，虽然不存在劳动力的人身买卖，但一旦人力资本所有者进入企业，其人力资本的使用权就会被企业所控制。因为在人力资本所有者与企业的契约尚未解除之前，人力资本所有者不能再向他人出售自己的劳动力，尤其是上班时间，人力资本所有者的所需要完成的事务和必须遵守的工作时间都必须服从企业规定。最后，人力资本所有者是具有劳动、创新能力的高级人才，并通过与物质资产的有机结合，为企业创造价值，从而使经济利益流入企业。所以企业的人力资本是企业过去的交易或者事项形成的，并且是由企业控制的，预期能给企业带来经济利益流入的重要经济资源，属于企业的一项资产。

从所有者权益的角度来考虑，智力资本入股也就意味着人力资本随其载体投入企业，并以一定的计量方式对人力资本价值进行衡量或根据人力资本所有者对企业所做贡献的大小，来决定人力资本所有者的持股比例。人力资本所有者同物质资本所有者一样分享企业的所有权，在实际操作当中即同物质资本所有者共享企业剩余分配权。既然同为企业所有者，理应对人力资本所有者的权益予以确认，将其划归为所有者权益类，既能够体现出人力资本所有者与物质资本所有者风险共担、利益共享的分配原则，也能从根本上对人力资本所有者予以激励。

2. 关系资本会计要素确认

关系资本指的是企业与外部环境之间的联系，诸如企业与供应商、客户、政府机关等其他组织之间的社会关系网络。关系资本的形成方式主要是在企业的存续期间逐渐发展而形成，另外还有一小部分是由关系资本所有者进入企业时带入。但无论哪一种形成方式，不可否认的是关系资本都是由已经发生交易或者事项形成的，并且随着关系资本入股，关系资本必然在契约存续期间为企业所拥有或者控制。企业通过关系网络与外部利益相关者进行交流，分享有价值的信息，从而抓住发展机遇，形成利润流入。在新的经济形势下，关系资本成为企业所有者，对其应该享有的权利与应该承担的风险，也理应由会计予以确认，并在相应会计信息中反映。

3. 组织资本会计要素确认

组织资本是指留在组织里的知识，包括企业管理流程、信息系统、专利权、商标等方面。组织资本投入到企业中，在企业的日常生产经营活动中，通过与物资资本的有机结合创造出巨大的财富与收益，这时组织资本带来的经济利益预期是能够流入企业中去的。组织资本能够为企业创造价值，但是其为企业创造收益的多少很大程度上受企业文化、制度、企业领导的影响，从另一个角度来说，这表明企业在一定程度上是能够控制组织资本的。最后，如前所述，组织资本不会凭空产生，在过去的交易或者生产事项中形成，通过与其他资本有机结合，从而为企业创造价值。组织资本和关系资本一样，绝大部分是随着企业的发展而逐渐发展壮大的，并且它的存在依附于特定的组织结构，具有很强的专属性，所以无论是智力资本所有者还是物质资本所有者都应该享有其剩余收益权和剩余索取权。同时为了更好地明确双方的权益与责任，确认智力资本权益也势在必行。

应该特别指出的是，智力资产十分接近于无形资产。首先，智力资本不具有实物形态，即使人力资本所有者具有实物形态，但人力资本指的是员工为企业创造价值的服务潜力，而非员工本人；其次，智力资产在企业的生产经营中能够为企业创造经济效益，且受益期限通常在一个会计年度以上；最后，智力资产所提供的经济效益具有极大的不确定性，其效果好坏随着企业管理制度、企业形象、企业口碑而变化。但是两者还是存在本质上的不同：第一，智力资产与无形资产的价值源泉不一样，智力资本的价值是以人力资本为核心并通过与企业其他资源有机结合而逐渐发挥出来，具有很大的潜力以及可塑性；第二，智力资产与无形资产在收益的不缺性方面存在很大的差异，因为智力资本的核心是人力资本，而人力资本潜能能否发挥和发挥程度大小受人力资本所有者自身条件状况、对企业的忠诚度以及企业内部工作环境、工作内容等诸多因素的影响；第三，智力资产不能像普通无形资产那样对其进行摊销处理，这是因为，智力资产的价值并不会随着其使用而转移到产品当中去，相反，智力资本会在企业存续时间内不断积累其内在价值，增强其创造价值的能力。

综上所述，智力资产是一种介于有形资产和普通无形资产之间的特殊资产。若将智力资产简单划归于无形资产，则可能会导致人们忽视这种特殊资产，仅是用普通无形资产的处理方式来对待智力资产，从而影响智力资本效力的发挥，最终影响企业的经营效果。因此，要从根本上解决这一问题，就必须在合理配置物质资产及智力资产的同时，确认相应的会计要素对象，建立一套适合智力资产的会计处理模式，加强对智力资本的控制、监管与投资，进而保证整个会计循环的有效进行。

三、智力资本构成要素产权归属确认记录安排

智力资本有机融合了物质资本和人力资本，智力资本产权不能想当然地归资方所有，也不是简单地归劳方所有，其产权存在一个分割问题。

1. 人力资本产权归属确认记录

人力资本是天生依附于人力资本所有者的，即人力资本与其所有者具有天然的不可分割性，所以人力资本属于人力资本所有者所有。

2. 关系资本产权归属确认记录

关系资本包括战略伙伴、客户、供应商、有利合同和市场中介等关系资本，为分析方便，本书将其划分为初始关系资本和后续关系资本两大类。实践中，初始关系资本往往与其载体（包括自然人和法人组织）有很强的依附性，可以随其载体进入（离开）企业而带来（走）关系，其权属关系较为明确，产权归其初始载体所有。而对于后续关系资本，其形成和增值具有共有性，没有唯一的专属人格化产权主体，其产权应在劳资双方之间进行合理的分割，分割比例可参照企业出资（物质资本与智力资本）比例确定。

3. 组织资本产权归属确认记录

组织资本可分为组织结构（结构和制度文化）、知识产权（专利、商标、著作权、商誉和研发能力）、基础资产（信息系统、数据库以及信息流程）三个部分。其中，①组织结构和基础资产是完全依附于企业而存在的集体性与组织性知识系统，其所有权理应为企业整体所有，终极产权归企

业劳资共同所有；②知识产权可进而分为职务和非职务两类，前者是利用所在企业资源或平台条件完成，其产权为企业也即劳资共同所有，具体可按出资（物质资本与智力资本）比例分割确定；对于后者，其产权应归创设者个体所有，并已为社会所认同。

第三节　智力资本入股企业的会计核算制度安排

一、智力资本投入成本会计制度安排

1. 智力资本投入成本账户设置

（1）"智力资产"账户。本账户核算智力资本入账、培养、开发管理和使用过程中价值的增减变动额，收到的智力资本投入以及经评估后的智力资本增值等。发生支出，收到智力资本投资或者智力资本评估值增加时，记借方；智力资本退出企业、智力资本评估减值时，记贷方。期末余额在借方，表示企业拥有或者控制的智力资本的现行价值。本账户属于长期资产类账户，按智力资本所有者个人设置明细账。

（2）"智力资本"账户。本账户核算智力资本所有者根据为企业财富创造过程中的贡献折算的入股份额以及智力资本的总体增减变动额。该账户属于权益类账户，按个人设置明细账。当企业收到智力资本投资时，记贷方；当智力资本转出、退出或者脱离企业时，记借方。本科目期末余额在贷方，表示企业累计归智力资本所有者持有的股份。

（3）"资本公积"账户。本账户按照资本公积的形成原因设置明细账，核算企业在取得智力资本时产生的"智力资本溢价"以及经评估机构评估后智力资本价值的变化"智力资本公允价值变动"。该账户期末余额在贷方表示企业实际拥有的资本公积。企业收到智力资本所有者投入的智力资本协商价值超过其入股份额部分，作为智力资本溢价，记入"资本公积——智力资本溢价"。企业拥有的智力资本经过评估机构评估，智力资本价值发生改变时，应及时调整入账价值，其增减额在考虑了智力资本的增减额后，差额记入"资本公积——智力资本公允价值变动"。

（4）"智力资本费用"账户。本账户核算企业在获取智力资本过程中发生的各项前期费用以及支付给智力资本所有者的补偿性报酬，即支付给智力资本所有者体力、精力等方面消耗的补偿，体现为智力资本所有者获得的工资报酬。本账户属于损益类账户，期末结转至"本年利润"账户，结转后无余额。

2. 智力资本投入成本账务处理

（1）智力资本进入企业之前，企业为了取得智力资本需要付出相关费用，具体包括宣传支出、筛选支出等。这些相关成本支出全部归集到"智力资本费用"账户，直接计入当期损益。即：

借：智力资本费用

    贷：银行存款/库存现金

（2）智力资本所有者将智力资本折算入股进入企业，意味着一份新的契约签订，这时企业一方面要确认企业新增加的智力资产价值，另一方面根据前述企业收益率确认智力资本所有者入股份额，两者之间的差额记入资本公积。即：

借：智力资产

    贷：智力资本

        资本公积——智力资本溢价

二、智力资本价值变动会计制度安排

智力资本价值变动核算是从产出的角度，把智力资本作为有价值的企业资产对其进行的核算与专著，目的在于用智力资本的创利能力来反映企业现有智力资本的价值状况。其价值变动主要包括智力资本所有者素质提高、企业影响力扩大、企业文化创新等方面发生的智力资本增值，企业支付智力资本所有者补偿价值以及智力资本退出、脱离企业发生的价值变化。

1. 智力资本价值变化账户设置

（1）"智力资本成本"账户。本账户核算企业为进一步开发、培训、利用智力资本所投入的成本，投入成本先到本账户汇总，期末再结转到"智力资产"账户。

（2）"智力资本收入"账户。本账户核算企业在日常生产经营中因智力资本所产生的收入，属于损益类账户。贷方登记智力资本收入增加，期末将账户余额由借方转入"本年利润"账户，期末无余额。

（3）"智力资本损益"账户。本账户用来核算因智力资本调动、退出企业等而收取的补偿费、转让费等相关费用与账面净值之间的差额，属于损益类账户。借方登记损失，贷方登记收益，期末将余额结转至"本年利润"账户，结转后无余额。

2. 智力资本价值变化账务处理

（1）企业为进一步开发、利用智力资本，对智力资本进行入岗培训、优化企业形象、维护客户关系等追加投资，相关支出首先在智力资本成本账户中归集，记入智力资本成本借方。即：

借：智力资本成本

　　贷：银行存款/库存现金

（2）月末，将归集汇总的智力资本成本转出，结转至智力资产账户，增加智力资产账面价值。借方记智力资产，贷方记智力资本成本。即：

借：智力资产

　　贷：智力资本成本

（3）企业对拥有的智力资产定期评估，若评估价值与账面价值不一致，需及时调整智力资产价值，将差额计入资本公积——智力资本公允价值变动。当评估价值高于账面价值时，将差额计入资本公积贷方，借方记智力资产——智力资本公允价值变动。当评估价值低于账面价值时，做相反分录。即：

借：智力资产——智力资本公允价值变动

　　贷：资本公积——智力资本公允价值变动

（4）企业每个月计发应该支付给智力资本所有者的补偿报酬，即支付工资报酬、福利津贴等以补偿智力资本耗费。这部分支出记入智力资本费用借方，贷方记应付智力资本薪酬。即：

借：智力资本费用

　　贷：应付智力资本薪酬

（5）企业在销售商品、提供劳务等日常生产经营活动中因智力资本而产生收入时，借记库存现金、银行存款等账户，贷方记智力资本收入。即：

借：库存现金/银行存款

　　贷：智力资本收入

（6）当智力资本与物质资本合同到期，智力资本退出企业或者由于其他原因脱离企业，需减少智力资产价值，并将相应的资本公积转出，根据实际情况，或借或贷记智力资本损益。即：

  借：资本公积
    贷：智力资产
      智力资本损益

三、智力资本权益分配会计制度安排

智力资本入股条件下，智力资本所有者以其拥有的智力资本对企业进行投资，这样就像物质资本所有者一样，拥有了企业所有权而享有一定的权益。换句话说，智力资本所有者有权参与企业利润的分配，同时也承担了企业生产经营中可能的亏损和破产清算的责任。

1. 智力资本权益分配账户设置

（1）"本年利润"账户。本账户用于归集企业智力资本和物质资本所有产生的收入和费用，属于损益类账户。收入记贷方，费用记借方。汇总之后，将余额转入"利润分配——未分配利润"账户。

（2）"利润分配"账户。本账户核算企业实现的净利润，按照利润用途设置明细，根据规定的分配顺序，在企业和投资者之间分配。本账户借方登记企业按照规定提取的盈余公积及分配给股东的股利，贷方登记年终决算时实现的净利润的转入。

（3）"应付股利"账户。本账户按照企业剩余收益的分配对象设置明细，核算物质资本所有者和智力资本所有者按照入股份额各自应当享有的股利。在该一级账户下设置"应付股利——物质资本股利"和"应付股利——智力资本股利"两个二级账户，分别用于核算当期可供分配利润中按照物质资本股东和智力资本股东投入资本比例计算而实际分配给物质资本股东和智力资本股东的利润，代表了当期物质资本股东和智力资本股东获得剩余价值的部分，增加记贷方，借方登记实际支付股利，期末余额在贷方，表示期末企业还未实际支付给物质资本股东和智力资本股东的利润余额。

2. 智力资本权益分配账务处理

（1）年末，将所有收入类账户汇总，并从各收入类账户的借方转出，将总额转入"本年利润"账户的贷方。即：

借：智力资本收入/收入类账户

　　贷：本年利润

（2）将所有费用类账户汇总，并从各费用类账户的贷方转出，将总额转入"本年利润"账户的借方。即：

借：本年利润

　　贷：智力资本费用/费用类账户

（3）将"本年利润"账户的借贷方数额汇总，并将差额转入"利润分配——未分配利润"账户。若为盈余，则从"本年利润"账户的借方转出，转入"利润分配——未分配利润"账户的贷方；若为亏损，则做相反分录。即：

借：本年利润

　　贷：利润分配——未分配利润

（4）按照相关规定，企业提出当年的盈余公积。盈余公积分为物质资本盈余公积和人力资本盈余公积，其中人力资本盈余公积是按照一定比例，为企业日后若出现智力资本亏损或者智力资本转增资本等情况而做的准备。即：

借：利润分配——提取盈余公积

　　贷：盈余公积——物质资本盈余公积

　　　　　　——智力资本盈余公积

（5）提取盈余公积完毕，根据企业收益率、行业平均收益率与无风险报酬率三者之间的关系，智力资本参与企业剩余分配应该依据具体情况确定的浮动比率，在智力资本所有者与物质资本所有者之间分配股利。即：

借：利润分配——应付物质资本股利

　　　　　　——应付智力资本股利

　　贷：应付股利——应付物质资本股利

　　　　　　　——应付智力资本股利

第四节　智力资本入股下企业会计报告制度安排

智力资本在企业价值创造过程中的作用日益凸显，智力资本信息的披露也越来越受到更为广泛的关注。虽然目前公认的会计准则还没有要求披露智力资本相关信息，很多企业也只是对内部信息使用者提供，但是随着传统财务会计报告的发展，其内容日益广泛化和多元化，对非货币信息的兼容度越来越高且表外信息在财务会计报告信息中的比重增加，这些都为智力资本会计信息的对外报告创造了有利条件。从其必要性方面来看，首先，编制智力资本会计信息报告能够更为全面地反映企业的资产情况，特别是在现代企业中智力资本越来越受到重视，其所占比重也日益增大。其次，有利于企业所有者更加有效地管理智力资本，通过对其投资以及获益的比较，及时修正其投资渠道和预期收益等。最后，对外部信息使用者来说，了解企业智力资本信息，帮助他们准确评估企业的智力资本价值及其获利能力以便进行投资决策；客户希望知道企业在生产运作过程中所运用的知识技术及其所达到的水平；政府部门也希望了解企业的高新技术含量是否达到给予优惠政策的要求。

一、智力资本会计报告现状与缺陷

由于智力资本会计信息报告能够弥补很多传统财务报告的不足，能够较为系统、真实地反映和传递一个企业的智力资本信息，因此，越来越多的企业开始尝试对外编制智力资本会计报告。综观已有的企业对外智力资本信息报告，目前企业对外披露的智力资本报告存在以下缺陷：

1. 智力资本信息披露的方式缺陷

从智力资本信息披露的方式来看，多数企业只是将智力资本相关信息在报表附注中进行了反映。这说明智力资本在这些企业中还未受到足够的重视。智力资本与物质资本不同，物质资本能够在较短的时间内获利且流动性较大也较为灵活；而智力资本是一项潜在价值极大的资产，它的收益期往往跨越一个会计年度，甚至很多个会计年度，但也正是由于如此，它所积累沉淀的内涵才更丰富，才更有机会为企业创造更大价值。所以，目前对智力资本信息披露的信息的数量和质量远远不够。

2. 智力资本信息披露的内容缺陷

从智力资本信息披露的内容来看，很多企业把智力资产仅当作无形资产处理。目前理论界没有对智力资本做统一的定义，所以各个企业对智力资本的理解也有很大的区别。很多企业用处理无形资产的方式来处理智力资产，这一方面会低估智力资产的内在价值，另一方面也不利于企业所有者了解智力资本真实情况和管理智力资本运作。

3. 智力资本披露的格式缺陷

从智力资本披露的格式来看，各个企业出具的智力资本报告差异过大。目前会计准则没有出台智力资本信息对外披露相关要求，也没有统一的格式供企业参考，所以智力资本究竟应该以什么样的方式编排完全由企业自己决定。因此，往往每个企业根据自身的情况来设计智力资本报告，并决定反映、报告的内容，因此导致不同企业所编制的智力资本报告无论是在内容方面，还是在格式方面都存在过大的差异。

二、智力资本三大传统会计报表中的报告

智力资本是企业的核心竞争力和价值增值的源泉，随着知识经济的发展，它在企业中所占的比重也将越来越大，达到与物质资本同样的比重甚至更大。为了保证传统财务报表的完整性与一致性，且在智力资本信息披露的同时能够尽量照顾传统财务会计报告的形式和习惯以及满足传统财务会计报告的要求，减少现行财务会计报告对智力资本会计信息的排斥程度，本报告可以将智力资本放在现行的财务会计报告框架内，单独列示予以报告。而对于智力资本来说，由于其创利能力方面具有较大不确定性，且其价值也不易准确计量，而传统以货币计量为基础的财务报告也难以全面反映其真实情况，所以智力资本还要在表外进行评估方法、智力资本预测信息等说明，即以表内表外相结合的方式进行披露。

1. 智力资本在资产负债表中的报告

在智力资本入股情况下，传统的企业资产总额等于债权人的清偿权加上业主权益的清偿权，即会计平衡公式"资产 = 负债 + 所有者权益"将发生根本性改变。将智力资本所有者权益引入会计平衡公式之后，会计平衡公式变为："物力资产 + 智力资产 = 负债 + 物质资本权益 + 智力资本权益"，新的会计平衡公式揭示了企业资产的构成，反映了企业对智力资本所有者权益的认可，有利于调动智力资本所有者的积极性，同时也满足企业内外智力资本信息使用者的需要。

具体设想，可以将智力资产在资产负债表的资产类项目下单独设立"智力资产"项目，同时在所有者权益类项目下，设置"物质资本"项目和

"智力资本"项目取代传统的"实收资本"项目，在"资本公积"项目下，单独列示由于智力资本溢价和智力资本公允价值变动而形成的资本公积。另外，在负债类项目下，增加"应付智力资本薪酬"项目，单独核算企业支付给智力资本所有者的补偿性报酬，在"应付股利"项目下，增设应付物质资本股利和智力资本股利两个明细。

至于新增的与智力资本有关的项目在资产负债表中的排列位置，由于资产负债表是根据各个项目的流动性大小排列的，而智力资产属于一项长期资产，并且又与无形资产有诸多相似之处，故可以将智力资产列示于"无形资产"之下。另外新增单独核算的应付智力资本薪酬列示于"应付职工薪酬"项目之下。

改进后的资产负债表（见表 8-1）：

表 8-1　智力资本入股视角的资产负债表

编制单位：　　　　　　　　　年　月　日　　　　　　　　　货币单位：

资产	期末数	负债及所有者权益	期末数
流动资产：		流动负债：	
		……	
		应付职工薪酬	
		应付智力资本薪酬	
……		应付股利	
		其中：应付物质资本股利	
		应付智力资本股利	
		流动负债合计	
		非流动负债：	
		非流动负债合计	
		负债合计	
流动资产合计			
非流动资产：		……	
		所有者权益：	
……		物质资本	
		智力资本	
无形资产		资本公积	

续表

资产	期末数	负债及所有者权益	期末数
智力资产		其中：智力资本公积	
		盈余公积	
		未分配利润	
非流动资产合计		所有者权益合计	
资产总计		负债及所有者权益合计	

2. 智力资本在利润及利润分配表中的报告

利润及利润分配表是反映企业一段时间内对实现净利润的分配或亏损的会计报表，将智力资本相关信息穿插到传统利润及利润分配表中，可以更为直观地掌握与智力资本相关投资的变化，也更容易为企业内外信息使用者所接受。

具体来说，在"营业收入"项目下单独列示由智力资本创造的收入，计入"智力资本收入"。增设"智力资本费用"项目和"智力资本损益"项目，分别记录招募智力资本、支付智力资本补偿报酬等方面的总支出和智力资本调动、脱离等原因给企业带来的净损益。另外，将"可供分配利润"项目的减项"提取盈余公积"和"可供投资者分配利润"项目的减项"应付普通股股利"，分别单独列示智力资本相关信息，即用"提取物质资本盈余公积"和"提取智力资本盈余公积"代替原"提取盈余公积"项目，用"应付物质资本股利"和"应付智力资本股利"代替原"应付普通股股利"项目。

改进后的利润及利润分配表如表8－2所示。

3. 智力资本在现金流量表中的报告

表8－2　智力资本入股视角的利润及利润分配表

编制单位：　　　　　　　　　　年　月　日　　　　　　　　货币单位：

项目	本期金额
一、营业收入	
其中：智力资本收入	
减：营业成本	

续表

项目	本期金额
管理费用	
……	
智力资本费用	
资产价值损失	
加：公允价值变动损益	
智力资本损益	
投资收益	
二、营业利润	
加：营业外收入	
减：营业外支出	
三、利润总额	
减：所得税费用	
四、净利润	
加：年初未分配利润	
五、可供分配利润	
减：提取物质资本盈余公积	
提取智力资本盈余公积	
六、可供投资者分配利润	
减：应付物质资本股利	
应付智力资本股利	
七、未分配利润	

　　企业经营活动现金流的产生来自于两个方面：一是由物质资本带来，二是由智力资本带来。而智力资本与物质资本在企业的经营活动中是相互影响、相互交融、相互作用的。因此在企业的现金流中很难准确地区分物质资本产生的现金流和智力资本产生的现金流。但这一信息又是非常重要的，故在编制现金流量表时要尽量凸显智力资本所做的贡献。设想在"销售商品、提供劳务收到的现金"后单独列示"其中：智力资本产生的现金流"，并可将利润及利润分配表中的智力资本收入的数值作为填列的参考。

投资活动所产生的现金流量部分中，可以增设"处置智力资本收回现金净额"项目，用于反映企业智力资本由于违约、调动、脱离企业等原因离开企业或者由其他企业代为支付的各种现金净额。

三、智力资本信息披露报表的单独编制

智力资本信息披露报表由三个组成部分：智力资本信息披露主表、智力资本信息披露附表以及智力资本报表附注。

1. 智力资本信息披露主表

智力资本信息披露主表以定量信息为主，采用绝对数指标和相对数指标的形式，综合反映智力资本及各组成部分的状况。

智力资本信息披露主表如表8－3所示：

表8－3 智力资本信息披露主表

编制单位： 年 月 日 货币单位：

智力资本构成要素	指标	指标状况
总体信息披露	人力资本创造的价值	
	关系资本创造的价值	
	组织资本创造的价值	
人力资本信息披露	员工人数	
	大学专科学历以上的管理层所占比重	
	核心技术人员所占比重	
	研发人员所占比重	
	员工的平均年龄	
	员工的平均从业年限	
	员工的平均薪酬	
关系资本信息披露	已有顾客数量	
	回头客的比例	
	客户投诉率	
	销售渠道投资率	
	产品市场占有率	

智力资本构成要素	指标	指标状况
组织资本信息披露	企业信息化程度	
	公共关系投资率	
	信息系统使用效率	
	公司文化促进公司目标实现程度	

2. 智力资本信息披露附表

智力资本信息披露附表列报企业智力资本信息中只能定性的信息，反映智力资本各个组成部分的定性信息。

智力资本信息披露附表如表8-4所示：

表8-4　智力资本信息披露附表

编制单位：　　　　　　　　年　月　日　　　　　　　　货币单位：

智力资本构成要素	指标	指标状况
人力资本信息披露	员工的工作态度与积极性	
	员工对业务的熟练程度	
	管理层的素质与能力	
	企业激励机制的健全性与有效性	
关系资本信息披露	企业形象美誉度	
	企业品牌经营能力	
	企业商标信用度	
	企业顾客忠诚度	
	企业的营销体制	
	公司文化促进公司目标实现的程度	
组织资本信息披露	员工满意度	
	企业的管理方式与方法	
	企业创新机制的安全性与有效性	
	业务流程合理化程度	
	业务流程合理性程度	
	制造系统的先进性与适应性	
	组织结构的优化程度	

3. 智力资本信息披露报表附注

智力资本信息披露报表附注是对智力资本主表以及附表信息的重要补充和解释说明，也是智力资本有关信息披露的一个重要方面，能为有关会计信息使用者提供更为广泛全面的会计信息。本书认为智力资本信息披露报表附注应包括智力资本价值的计量依据、某些对企业价值创造与实现有重大影响的事项或单项智力资本、有关报表编制事项的说明、对某些指标的计算说明或注释、企业的远景目标及战略、智力资本价值变动情况和实现形式、智力资本预测的假设条件以及其他说明。

第五节　本章小结

本章研究了保障智力资本与物质资本具有均等机会和同等权力分享企业剩余的会计制度安排重构。首先从分析会计职能本质入手构建了会计制度体系的整体分析框架；在此基础上重构了智力资本入股视角的企业会计制度体系，具体包括智力资本入股视角的会计确认记录制度安排、会计核算制度安排和会计报告制度安排等。

第九章　主要结论、研究创新和未竟领域

本章是全书的总结，将总结以下几个方面问题：一是全书研究的主要结论；二是本书研究的主要创新点；三是本书研究的某些不足及今后深入研究的努力方向。

第一节　主要结论

结论一：整体看来，我国经济历经了农业经济、工业经济以及知识经济三个时期。其中，知识经济又可细分为初级和高级两个阶段。本书研究得出不同时期的主流企业分配范式存在截然不同的差别，具体是：农业经济形态时期的主流企业分配范式是一种比较极端的物质资本主导的"租佃制"分配范式；工业经济时期的企业内部分配范式仍然是一种物质资本主导的范式，需要指出的是，此时的物质资本所有者与智力资本所有者的分配关系是与农业经济时期不同的"资本雇佣劳动"形式，物质资本所有者在享有更多收益的同时也需要承担更大的风险；在知识经济初级阶段，主流企业形态是智力资本与物质资本共同主导的企业劳资分配范式；知识经济高级阶段，主流企业形态的内部分配范式是一种智力资本主导的"智力雇佣物质"分配范式。

结论二：知识经济时期，由于智力资本的沉淀成本不可忽略及物质资本的沉淀成本的减少和转移，智力资本参与企业剩余分配的愿望日趋强烈，企业智力资本入股无疑顺应了时代发展的要求。智力资本有机融合了物质资本和人力资本，智力资本产权不能想当然地归资方所有，也不是简单地

归劳方所有，其产权存在一个分割问题。具体是，智力资本中的人力资本产权应完全划归劳方所有，而智力资本中的关系资本和组织资本的形成和增值具有共有性，没有唯一的专属人格化产权主体，其产权应在劳资双方之间进行合理的分割。

结论三：智力资本分为人力资本、组织资本和关系资本三部分，因此，智力资本入股具体涉及人力资本入股、组织资本入股和关系资本入股三部分。可见，智力资本入股并非人力资本入股，它比人力资本入股更为现实也更为复杂。从宏观演进轨迹来看，有效率的企业智力资本入股演进路径是从 A_{33} 点向 C_{11} 点展开梯度性发散蔓延。对于企业来说，选取企业智力资本入股路径的关键在于企业找准自己的位置，再根据实际情况选择部分还是全部智力资本入股方式。

结论四：智力资本入股是一项复杂敏感的利益分配改革，虽然顺应了时代发展要求，具备强大的时代变革动力，但也必然涉及利益的冲突。智力资本参与企业剩余分配变革须有改革动力，而改革动力的有无和强弱又主要取决于该项变革能否形成帕累托改进。这就要求本书由过去仅关注政府或资方收益的单一求解转变为同时关注政府、资方和劳方三方收益的综合求解，最终达到一个各利益主体都可接受的帕累托平衡点。理论上，笔者通过数理推理找到了智力资本入股参与企业剩余分配形成帕累托改进的条件和改进路径。实践中，笔者通过案例分析得出，在我国，智力资本入股参与企业剩余分配确实为企业劳资双方的收益带来了积极影响。

结论五：智力资本的流转制度安排是智力资本参与企业剩余分配的重要保障。智力资本的流转具有两层含义：一是指智力资本参与企业的运营过程，首先转化为货币资本，进而相继转化为储备资本、生产资本、商品资本三种形态，最终回到货币资本形态，实现企业增值；二是指智力资本及其载体在企业内及企业间的流转。如果将企业作为一个研究系统，则企业智力资本的流转可分为两种形式：一是智力资本对企业的流入与流出；二是企业智力资本的内部流动。这两种形式的智力资本流动都将给智力资本入股企业和股东产生重要影响，都需要构建相应的合理制度安排保障。

结论六：智力资本股东获取股权收益必须承担有限责任，智力资本承担有限责任可以通过建立智力资本责任承担救济机制、智力资本承担有限责任的赔付备用基金和保证有限责任制来实现，责任承担的整体路径是，当企业仅发生亏损并未破产时，应先启用企业公积金弥补亏损，不足部分再由智力资本股东和物质资本股东按股权比例共同弥补，此时才启用智力资本股东的清偿备用金，若仍然不足，可根据保证有限责任机制以及智力资本责任承担救济机制予以清偿，清偿后智力资本承担的有限责任消除。

结论七：传统企业治理模式实行的是以物质资本为基础的"单边治理"，治理的目标是使物质资本所有者的剩余索取权得到最优保障。在实行智力资本入股改革后，企业股东不再局限于物质资本股东，企业治理模式实行的是以物质资本和智力资本为基础的"多边治理"，公司治理的目标不再是物质资本股东利益最大化，而是保障物质资本所有者和智力资本所有者享有平等的剩余索取权，实现包括智力资本与物质资本股东在内的所有者权益最大化。本书研究认为，智力资本入股改制后的企业治理风险防控需要结合智力资本与物质资本的差异性构建相应的制度安排妥善解决好三类"相容性"问题：①解决利益主体利益不一致而引起的利益相容性问题；②解决代理人能力与企业发展要求不相容而引起的能力相容性问题；③解决信息不对称、信息不完全和信息不完美与企业抉择要求不相容而引起的信息相容性问题。

第二节　研究创新

（1）研究视角具有创新性。已有智力资本研究主要集中在智力资本的分类、测量以及对企业绩效影响方面，而已有初次分配研究主要集中在传统范式，且新型范式下的分配研究又大多停留在人力资本参与企业剩余分配的必要性及理论依据论证层面上。本书从智力资本参与企业剩余分配视角来扩展和深化初次分配研究，体现了学科上的前沿性与理论上的开拓性。

（2）研究内容具有创新性。本书所研究的智力资本参与企业剩余分配的"新型分配机理、新型分配机制以及新型分配收入效应"等内容，都在走前人没有走过的路，率先从技术和制度上突破现有初次分配研究局限，具有较强原创性。

（3）本书较深入地研究了保障智力资本参与企业剩余分配的系列制度基础，具体包括智力资本的量化改进、智力资本流动性及智力资本股东有限责任承担、保障智力资本与物质资本具有均等机会和同等权力分享企业剩余的公司治理结构、会计制度重构等，也都具有较大的创新性。

第三节　未竟领域

（1）智力资本的量化体系是智力资本入股参与企业剩余分配能够实际应用的关键之一。当前所使用的各种作价方法都存在或多或少的缺陷，并没有形成得到广泛认可的量化体系。本书虽创新性地引入"实物期权"理念对企业智力资本进行量化，突破了智力资本量化领域已有研究的某些局限，但是还缺乏实证效果检验，有待继续深入研究。

（2）本书原拟运用大规模实证分别从人力资本、组织资本和关系资本入股来系统深入分析智力资本入股的劳资分配效应及其差异性，但在实际研究中发现，人力资本、组织资本和关系资本通过入股参与企业剩余分配在目前尚处于探索发展阶段，大规模实证缺乏大容量的公开数据支持。鉴于此，本书最后无奈将智力资本入股的劳资分配效应大规模实证研究转而采用案例分析方法，只对人力资本入股重要表现形态的股权激励制度采用了大规模实证研究。但运用大规模实证分别从人力资本、组织资本和关系资本入股来系统深入分析智力资本入股的劳资分配效应及其差异性仍是今后的努力方向。

附录1 中国证监会颁布的上市公司员工持股办法

上市公司员工持股计划管理暂行办法

（征求意见稿）

第一章 总 则

第一条 为规范、引导上市公司实施员工持股计划及其相关活动，依据《中华人民共和国公司法》、《中华人民共和国证券法》及其他有关法律、行政法规的规定，制定本办法。

第二条 本办法所称员工持股计划是指上市公司根据员工意愿，将应付员工工资、奖金等现金薪酬的一部分委托资产管理机构管理，通过二级市场购入本公司股票并长期持有，股份权益按约定分配给员工的制度安排。

上市公司实施员工持股计划，应当符合法律、行政法规和本办法的规定。中国证券监督管理委员会（以下简称中国证监会）依照本办法对上市公司实施员工持股计划及其相关活动进行监督管理。

第三条 上市公司实施员工持股计划应遵循公司自主决定，员工自愿加入、风险合理分散的原则。

第四条 员工持股计划应公平、公正，有利于上市公司的持续发展，同时兼顾股东、员工、国家和社会公众的利益。

第五条 上市公司实施员工持股计划，应当严格按照法律、法规的规定和本办法的要求，真实、准确、完整、及时地履行信息披露义务。

第六条 任何人不得利用员工持股计划进行内幕交易、操纵证券市场等证券欺诈行为。

第二章 一般规定

第七条 上市公司员工持股计划的参加对象为公司员工，包括管理层人员。

第八条 每年度用于实施员工持股计划的资金来源于最近 12 个月公司应付员工的工资、奖金等现金薪酬，且数额不得高于其现金薪酬总额的 30%。

员工用于参加员工持股计划的资金总额不得高于其家庭金融资产的 1/3。

员工参加员工持股计划，应当如实向公司说明其家庭金融资产情况，公司应当向员工充分揭示风险并根据员工资产情况核定其应获股份权益的具体数额上限。

第九条 员工持股计划长期持续有效，在其存续期间可以约定按照年、季、月的时间间隔定期实施，也可以不定期实施。

每次实施员工持股计划，其所购股票的持股期限不得低于 36 个月，自上市公司公告本次股票购买完成时起算。

第十条 上市公司全部有效的员工持股计划所持有股票总数累计不得超过股本总额的 10%，单个员工所获股份权益对应的股票总数累计不得超过公司股本总额的 1%。

前款规定的股票总数单独计算，不包括员工在公司首发上市前获得的股份、通过二级市场自行购买的股份及通过股权激励获得的股份。

本条第一款所称股本总额是最近一次实施员工持股计划前公司的股本总额。

第十一条 参加员工持股计划的员工可以通过员工持股计划持有人会议选出代表或设立相应机构，监督员工持股计划的日常管理，代表员工持股计划持有人行使股东权利或者授权资产管理机构行使股东权利。

第十二条 员工持股计划应明确规定下列事项：

（一）员工持股计划的目的、原则；

（二）参加员工的范围和确定标准；

（三）用于员工持股计划资金的构成、数额或数额确定方式；

（四）员工持股计划拟购买的公司股票数量及占上市公司股本总额的比例；

（五）员工持股计划的存续期限；

（六）员工持股计划实施的程序和具体管理模式；

（七）公司发生控制权变更、合并、分立时员工持股计划持有股票的处置办法；

（八）参加员工持股计划的员工离职、退休、死亡以及发生不再适合参加持股计划事由等情况时，其所持股份权益的处置办法；

（九）员工持股计划的变更、终止；

（十）员工持股计划期满后员工所持股份权益的处置办法；

（十一）员工持股计划持有人代表或机构的选任；

（十二）资产管理机构的选任、资产管理协议主要条款、资产管理费用的计提及支付方式；

（十三）其他重要事项。

第十三条 员工通过持股计划获得的股份权益的占有、使用、收益和处分的权利，应当按照员工持股计划的约定行使。

员工持股计划存续期间，员工提前退出员工持股计划的，员工的股份权益应当按照员工持股计划的约定予以处置。

第十四条 上市公司公布、实施员工持股计划及资产管理机构对员工持股计划进行管理，必须严格遵守市场交易规则，遵守中国证监会关于信息敏感期不得买卖股票的规定，严厉禁止利用任何内幕信息进行交易。

第三章　员工持股计划的管理

第十五条 上市公司应当将员工持股计划委托给下列资产管理机构进行管理。

（一）信托公司；

（二）保险资产管理公司；

（三）证券公司；

（四）基金管理公司；

（五）其他符合条件的资产管理机构。

资产管理机构不得管理本公司及本公司控股的上市公司的员工持股计划，也不得管理其控股股东、实际控制人及与其受同一控制下的公司的员工持股计划。

第十六条 上市公司为员工持股计划聘请资产管理机构的，应当与资产管理机构签订资产管理协议。

资产管理协议应当明确当事人的权利义务，切实维护员工持股计划持有人的合法权益，确保员工持股计划的财产安全。

在员工持股计划存续期间，资产管理机构根据协议约定管理员工持股计划。

第十七条 资产管理机构管理员工持股计划，应当为员工持股计划持有人的最大利益行事，不得与员工持股计划持有人存在利益冲突。

第十八条 资产管理机构应当以员工持股计划的名义开立证券交易账户，员工持股计划持有的股票、资金为委托财产，独立于资产管理机构的固有财产，并独立于资产管理机构管理的其他财产。资产管理机构不得将委托财产归入其固有财产。

资产管理机构因依法解散、被依法撤销或者被依法宣告破产等原因进行清算的，委托财产不属于其清算财产。

第四章 员工持股计划的实施程序及 信息披露要求

第十九条 上市公司董事会提出员工持股计划草案并提交股东大会表决。

独立董事应当就员工持股计划是否有利于上市公司的持续发展，是否损害上市公司及股东利益发表意见。

第二十条 上市公司应当在董事会审议通过员工持股计划草案后的2个交易日内，公告董事会决议、员工持股计划草案摘要、独立董事意见及与资产管理机构签订的资产管理协议。

第二十一条 上市公司应当聘请律师事务所对员工持股计划出具法律意见书，并在召开关于审议员工持股计划的股东大会前公告法律意见书。

法律意见书应当就下列事项发表意见：

（一）员工持股计划是否符合法律、行政法规及本办法的规定；

（二）员工持股计划的制订和提出是否履行了必要的法定程序；

（三）员工持股计划的范围和条件；

（四）员工持股计划是否损害上市公司及全体股东的利益；

（五）上市公司是否已经履行了充分的信息披露义务；

（六）员工持股计划的资产管理机构是否合格；

（七）资产管理协议是否符合有关规定；

（八）其他应当说明的事项。

第二十二条 股东大会应当对员工持股计划中的下列内容进行表决：

（一）员工持股计划拟购入股票的数量；

（二）参加员工的范围和确定标准；

（三）员工持股计划的存续期限；

（四）员工获授股份权益的条件；

（五）员工持股计划的变更、终止需要履行的程序；

（六）授权董事会办理员工持股计划的相关事宜；

（七）资产管理机构的选任及撤换程序；

（八）其他需要股东大会表决的事项。

公司股东大会就持股计划有关事项进行投票表决时，应当在提供现场投票方式的同时，提供网络投票方式；公司股东大会做出决议，应当经出席会议的股东所持表决权的半数以上通过。

第二十三条 股东大会审议通过员工持股计划后2个交易日内，上市公司应当到证券交易所办理信息披露事宜。

第二十四条 资产管理机构应当在股东大会审议通过员工持股计划后3个月内，根据员工持股计划的安排，完成公司股票的购买；员工持股计划约定以持续购买方式实施的，资产管理机构应在董事会公告购买公司股票之日起3个月内完成股票的购买。在前述规定的期限内，购买股票的具体时间、数量、价格、方式等由资产管理机构按照约定实施。

上市公司应当在前款规定的股票购买期间每月公告一次资产管理机构

购买股票的时间、数量、价格、方式等具体情况。

第二十五条　员工因参加员工持股计划，其股份权益发生变动，依据《中华人民共和国证券法》及《上市公司收购管理办法》应履行相关法定义务的，应当按照规定履行专著及披露义务；员工持股计划持有公司股票达到公司已发行股份总数的百分之五时，应当按照《中华人民共和国证券法》的规定履行专著和信息披露义务。

第二十六条　上市公司变更员工持股计划中本办法第二十二条所列事项的，应当提交股东大会审议并披露。

第二十七条　上市公司应在定期报告中披露报告期内下列员工持股计划实施情况：

（一）报告期内持股员工的范围、人数；

（二）报告期内员工持股计划持有的股票总额及占上市公司股本总额的比例；

（三）因员工持股计划持有人处分权利引起的股份权益变动情况；

（四）资产管理机构的变更情况；

（五）其他应予披露的事项。

第二十八条　证券交易所应当在其业务规则中明确员工持股计划所涉及的信息披露要求。

证券登记结算机构应当在其业务规则中明确员工持股计划所涉及的登记结算业务的办理要求。

第五章　罚　　则

第二十九条　上市公司实施员工持股计划不符合本办法规定的，中国证监会责令其改正，对公司及相关责任人依法予以处罚。

第三十条　上市公司未按照本办法及其他相关规定披露员工持股计划相关信息或者所披露的信息有虚假记载、误导性陈述或者重大遗漏的，中国证监会责令其改正，对公司及相关责任人依法予以处罚。

第三十一条　为上市公司员工持股计划出具专业意见的证券服务机构及从业人员未履行勤勉尽责义务，所发表的意见存在虚假记载、误导性陈述或者重大遗漏的，中国证监会依法予以处罚。

　　第三十二条　利用员工持股计划进行虚假陈述、操纵证券市场、内幕交易等违法行为的，中国证监会依法予以处罚，并可依法对相关责任人员采取市场禁入等监管措施；涉嫌犯罪的，中国证监会移送司法机关处理。

第六章　附　则

　　第三十三条　上市公司的董事、监事、高级管理人员及其他员工参加公司股权激励计划的，按照中国证监会关于上市公司股权激励的有关规定实施。

　　第三十四条　本办法适用于上海证券交易所、深圳证券交易所上市的公司。

　　第三十五条　本办法自 2012 年　月　日起施行。

附录2 中国证监会颁布的上市公司股权激励管理办法

中国证券监督管理委员会令

第 126 号

《上市公司股权激励管理办法》已经2016年5月4日中国证券监督管理委员会2016年第6次主席办公会议审议通过，现予公布，自2016年8月13日起施行。

中国证券监督管理委员会主席：刘士余

2016 年 7 月 13 日

附：《上市公司股权激励管理办法》全文

第一章 总 则

第一条 为进一步促进上市公司建立健全激励与约束机制，依据《中华人民共和国公司法》（以下简称《公司法》）、《中华人民共和国证券法》（以下简称《证券法》）及其他法律、行政法规的规定，制定本办法。

第二条 本办法所称股权激励是指上市公司以本公司股票为标的，对其董事、高级管理人员及其他员工进行的长期性激励。

上市公司以限制性股票、股票期权实行股权激励的，适用本办法；以法律、行政法规允许的其他方式实行股权激励的，参照本办法有关规定执行。

第三条 上市公司实行股权激励，应当符合法律、行政法规、本办法和公司章程的规定，有利于上市公司的持续发展，不得损害上市公司利益。

上市公司的董事、监事和高级管理人员在实行股权激励中应当诚实守信，勤勉尽责，维护公司和全体股东的利益。

第四条 上市公司实行股权激励，应当严格按照本办法和其他相关规定的要求履行信息披露义务。

第五条 为上市公司股权激励计划出具意见的证券中介机构和人员，应当诚实守信、勤勉尽责，保证所出具的文件真实、准确、完整。

第六条 任何人不得利用股权激励进行内幕交易、操纵证券市场等违法活动。

第二章　一般规定

第七条 上市公司具有下列情形之一的，不得实行股权激励：

（一）最近一个会计年度财务会计专著被注册会计师出具否定意见或者无法表示意见的审计报告；

（二）最近一个会计年度财务报告内部控制被注册会计师出具否定意见或无法表示意见的审计报告；

（三）上市后最近 36 个月内出现过未按法律法规、公司章程、公开承诺进行利润分配的情形；

（四）法律法规规定不得实行股权激励的；

（五）中国证监会认定的其他情形。

第八条 激励对象可以包括上市公司的董事、高级管理人员、核心技术人员或者核心业务人员，以及公司认为应当激励的对公司经营业绩和未来发展有直接影响的其他员工，但不应当包括独立董事和监事。在境内工作的外籍员工任职上市公司董事、高级管理人员、核心技术人员或者核心业务人员的，可以成为激励对象。

单独或合计持有上市公司 5% 以上股份的股东或实际控制人及其配偶、父母、子女，不得成为激励对象。下列人员也不得成为激励对象：

（一）最近 12 个月内被证券交易所认定为不适当人选；

（二）最近 12 个月内被中国证监会及其派出机构认定为不适当人选；

（三）最近 12 个月内因重大违法违规行为被中国证监会及其派出机构行政处罚或者采取市场禁入措施；

（四）具有《公司法》规定的不得担任公司董事、高级管理人员情形的；

（五）法律法规规定不得参与上市公司股权激励的；

（六）中国证监会认定的其他情形。

第九条 上市公司依照本办法制定股权激励计划的，应当在股权激励计划中载明下列事项：

（一）股权激励的目的；

（二）激励对象的确定依据和范围；

（三）拟授出的权益数量，拟授出权益涉及的标的股票种类、来源、数量及占上市公司股本总额的百分比；分次授出的，每次拟授出的权益数量、涉及的标的股票数量及占股权激励计划涉及的标的股票总额的百分比、占上市公司股本总额的百分比；设置预留权益的，拟预留权益的数量、涉及标的股票数量及占股权激励计划的标的股票总额的百分比；

（四）激励对象为董事、高级管理人员的，其各自可获授的权益数量、占股权激励计划拟授出权益总量的百分比；其他激励对象（各自或者按适当分类）的姓名、职务、可获授的权益数量及占股权激励计划拟授出权益总量的百分比；

（五）股权激励计划的有效期，限制性股票的授予日、限售期和解除限售安排，股票期权的授权日、可行权日、行权有效期和行权安排；

（六）限制性股票的授予价格或者授予价格的确定方法，股票期权的行权价格或者行权价格的确定方法；

（七）激励对象获授权益、行使权益的条件；

（八）上市公司授出权益、激励对象行使权益的程序；

（九）调整权益数量、标的股票数量、授予价格或者行权价格的方法和程序；

（十）股权激励会计处理方法、限制性股票或股票期权公允价值的确定方法、涉及估值模型重要参数取值合理性、实施股权激励应当计提费用及对上市公司经营业绩的影响；

（十一）股权激励计划的变更、终止；

（十二）上市公司发生控制权变更、合并、分立以及激励对象发生职务变更、离职、死亡等事项时股权激励计划的执行；

（十三）上市公司与激励对象之间相关纠纷或争端解决机制；

（十四）上市公司与激励对象的其他权利义务。

第十条 上市公司应当设立激励对象获授权益、行使权益的条件。拟分次授出权益的，应当就每次激励对象获授权益分别设立条件；分期行权的，应当就每次激励对象行使权益分别设立条件。

激励对象为董事、高级管理人员的，上市公司应当设立绩效考核指标作为激励对象行使权益的条件。

第十一条 绩效考核指标应当包括公司业绩指标和激励对象个人绩效指标。相关指标应当客观公开、清晰透明，符合公司的实际情况，有利于促进公司竞争力的提升。

上市公司可以公司历史业绩或同行业可比公司相关指标作为公司业绩指标对照依据，公司选取的业绩指标可以包括净资产收益率、每股收益、每股分红等能够反映股东回报和公司价值创造的综合性指标，以及净利润增长率、主营业务收入增长率等能够反映公司盈利能力和市场价值的成长性指标。以同行业可比公司相关指标作为对照依据的，选取的对照公司不少于 3 家。

激励对象个人绩效指标由上市公司自行确定。

上市公司应当在公告股权激励计划草案的同时披露所设定指标的科学性和合理性。

第十二条 拟实行股权激励的上市公司，可以下列方式作为标的股票来源：

（一）向激励对象发行股份；

（二）回购本公司股份；

（三）法律、行政法规允许的其他方式。

第十三条 股权激励计划的有效期从首次授予权益日起不得超过 10 年。

第十四条 上市公司可以同时实行多期股权激励计划。

同时实行多期股权激励计划的，各期激励计划设立的公司业绩指标应当保持可比性，后期激励计划的公司业绩指标低于前期激励计划的，上市公司应当充分说明其原因与合理性。

上市公司全部在有效期内的股权激励计划所涉及的标的股票总数累计

不得超过公司股本总额的 10%。非经股东大会特别决议批准,任何一名激励对象通过全部在有效期内的股权激励计划获授的本公司股票,累计不得超过公司股本总额的 1%。

本条第二款所称股本总额是指股东大会批准最近一次股权激励计划时公司已发行的股本总额。

第十五条　上市公司在推出股权激励计划时,可以设置预留权益,预留比例不得超过本次股权激励计划拟授予权益数量的 20%。

上市公司应当在股权激励计划经股东大会审议通过后 12 个月内明确预留权益的授予对象;超过 12 个月未明确激励对象的,预留权益失效。

第十六条　相关法律、行政法规、部门规章对上市公司董事、高级管理人员买卖本公司股票的期间有限制的,上市公司不得在相关限制期间内向激励对象授出限制性股票,激励对象也不得行使权益。

第十七条　上市公司启动及实施增发新股、并购重组、资产注入、发行可转债、发行公司债券等重大事项期间,可以实行股权激励计划。

第十八条　上市公司发生本办法第七条规定的情形之一的,应当终止实施股权激励计划,不得向激励对象继续授予新的权益,激励对象根据股权激励计划已获授但尚未行使的权益应当终止行使。

在股权激励计划实施过程中,出现本办法第八条规定的不得成为激励对象情形的,上市公司不得继续授予其权益,其已获授但尚未行使的权益应当终止行使。

第十九条　激励对象在获授限制性股票或者对获授的股票期权行使权益前后买卖股票的行为,应当遵守《证券法》、《公司法》等相关规定。

上市公司应当在本办法第二十条规定的协议中,就前述义务向激励对象做出特别提示。

第二十条　上市公司应当与激励对象签订协议,确认股权激励计划的内容,并依照本办法约定双方的其他权利义务。

上市公司应当承诺,股权激励计划相关信息披露文件不存在虚假记载、误导性陈述或者重大遗漏。

所有激励对象应当承诺,上市公司因信息披露文件中有虚假记载、误导性陈述或者重大遗漏,导致不符合授予权益或行使权益安排的,激励对象应当自相关信息披露文件被确认存在虚假记载、误导性陈述或者重大遗漏后,将由股权激励计划所获得的全部利益返还公司。

第二十一条　激励对象参与股权激励计划的资金来源应当合法合规，不得违反法律、行政法规及中国证监会的相关规定。

上市公司不得为激励对象依股权激励计划获取有关权益提供贷款以及其他任何形式的财务资助，包括为其贷款提供担保。

第三章　限制性股票

第二十二条　本办法所称限制性股票是指激励对象按照股权激励计划规定的条件，获得的转让等部分权利受到限制的本公司股票。

限制性股票在解除限售前不得转让、用于担保或偿还债务。

第二十三条　上市公司在授予激励对象限制性股票时，应当确定授予价格或授予价格的确定方法。授予价格不得低于股票票面金额，且原则上不得低于下列价格较高者：

（一）股权激励计划草案公布前 1 个交易日的公司股票交易均价的 50%；

（二）股权激励计划草案公布前 20 个交易日、60 个交易日或者 120 个交易日的公司股票交易均价之一的 50%。

上市公司采用其他方法确定限制性股票授予价格的，应当在股权激励计划中对定价依据及定价方式做出说明。

第二十四条　限制性股票授予日与首次解除限售日之间的间隔不得少于 12 个月。

第二十五条　在限制性股票有效期内，上市公司应当规定分期解除限售，每期时限不得少于 12 个月，各期解除限售的比例不得超过激励对象获授限制性股票总额的 50%。

当期解除限售的条件未成就的，限制性股票不得解除限售或递延至下期解除限售，应当按照本办法第二十六条规定处理。

第二十六条　出现本办法第十八条、第二十五条规定情形，或者其他终止实施股权激励计划的情形或激励对象未达到解除限售条件的，上市公司应当回购尚未解除限售的限制性股票，并按照《公司法》的规定进行处理。

对出现本办法第十八条第一款情形负有个人责任的，或出现本办法第十八条第二款情形的，回购价格不得高于授予价格；出现其他情形的，回购价格不得高于授予价格加上银行同期存款利息之和。

第二十七条　上市公司应当在本办法第二十六条规定的情形出现后及时召开董事会审议回购股份方案，并依法将回购股份方案提交股东大会批准。回购股份方案包括但不限于以下内容：

（一）回购股份的原因；

（二）回购股份的价格及定价依据；

（三）拟回购股份的种类、数量及占股权激励计划所涉及的标的股票的比例、占总股本的比例；

（四）拟用于回购的资金总额及资金来源；

（五）回购后公司股本结构的变动情况及对公司业绩的影响。

律师事务所应当就回购股份方案是否符合法律、行政法规、本办法的规定和股权激励计划的安排出具专业意见。

第四章　股票期权

第二十八条　本办法所称股票期权是指上市公司授予激励对象在未来一定期限内以预先确定的条件购买本公司一定数量股份的权利。

激励对象获授的股票期权不得转让、用于担保或偿还债务。

第二十九条　上市公司在授予激励对象股票期权时，应当确定行权价格或者行权价格的确定方法。行权价格不得低于股票票面金额，且原则上不得低于下列价格较高者：

（一）股权激励计划草案公布前 1 个交易日的公司股票交易均价；

（二）股权激励计划草案公布前 20 个交易日、60 个交易日或者 120 个交易日的公司股票交易均价之一。

上市公司采用其他方法确定行权价格的，应当在股权激励计划中对定价依据及定价方式做出说明。

第三十条　股票期权授权日与获授股票期权首次可行权日之间的间隔不得少于 12 个月。

第三十一条 在股票期权有效期内，上市公司应当规定激励对象分期行权，每期时限不得少于 12 个月，后一行权期的起算日不得早于前一行权期的届满日。每期可行权的股票期权比例不得超过激励对象获授股票期权总额的 50%。

当期行权条件未成就的，股票期权不得行权或递延至下期行权，并应当按照本办法第三十二条第二款规定处理。

第三十二条 股票期权各行权期结束后，激励对象未行权的当期股票期权应当终止行权，上市公司应当及时注销。

出现本办法第十八条、第三十一条规定情形，或者其他终止实施股权激励计划的情形或激励对象不符合行权条件的，上市公司应当注销对应的股票期权。

第五章 实施程序

第三十三条 上市公司董事会下设的薪酬与考核委员会负责拟订股权激励计划草案。

第三十四条 上市公司实行股权激励，董事会应当依法对股权激励计划草案做出决议，拟作为激励对象的董事或与其存在关联关系的董事应当回避表决。

董事会审议本办法第四十六条、第四十七条、第四十八条、第四十九条、第五十条、第五十一条规定中有关股权激励计划实施的事项时，拟作为激励对象的董事或与其存在关联关系的董事应当回避表决。

董事会应当在依照本办法第三十七条、第五十四条的规定履行公示、公告程序后，将股权激励计划提交股东大会审议。

第三十五条 独立董事及监事会应当就股权激励计划草案是否有利于上市公司的持续发展，是否存在明显损害上市公司及全体股东利益的情形发表意见。

独立董事或监事会认为有必要的，可以建议上市公司聘请独立财务顾问，对股权激励计划的可行性、是否有利于上市公司的持续发展、是否损害上市公司利益以及对股东利益的影响发表专业意见。上市公司未按照建议聘请独立财务顾问的，应当就此事项作特别说明。

第三十六条　上市公司未按照本办法第二十三条、第二十九条定价原则，而采用其他方法确定限制性股票授予价格或股票期权行权价格的，应当聘请独立财务顾问，对股权激励计划的可行性、是否有利于上市公司的持续发展、相关定价依据和定价方法的合理性、是否损害上市公司利益以及对股东利益的影响发表专业意见。

第三十七条　上市公司应当在召开股东大会前，通过公司网站或者其他途径，在公司内部公示激励对象的姓名和职务，公示期不少于 10 天。

监事会应当对股权激励名单进行审核，充分听取公示意见。上市公司应当在股东大会审议股权激励计划前 5 日披露监事会对激励名单审核及公示情况的说明。

第三十八条　上市公司应当对内幕信息知情人在股权激励计划草案公告前 6 个月内买卖本公司股票及其衍生品种的情况进行自查，说明是否存在内幕交易行为。

知悉内幕信息而买卖本公司股票的，不得成为激励对象，法律、行政法规及相关司法解释规定不属于内幕交易的情形除外。

泄露内幕信息而导致内幕交易发生的，不得成为激励对象。

第三十九条　上市公司应当聘请律师事务所对股权激励计划出具法律意见书，至少对以下事项发表专业意见：

（一）上市公司是否符合本办法规定的实行股权激励的条件；

（二）股权激励计划的内容是否符合本办法的规定；

（三）股权激励计划的拟订、审议、公示等程序是否符合本办法的规定；

（四）股权激励对象的确定是否符合本办法及相关法律法规的规定；

（五）上市公司是否已按照中国证监会的相关要求履行信息披露义务；

（六）上市公司是否为激励对象提供财务资助；

（七）股权激励计划是否存在明显损害上市公司及全体股东利益和违反有关法律、行政法规的情形；

（八）拟作为激励对象的董事或与其存在关联关系的董事是否根据本办法的规定进行了回避；

（九）其他应当说明的事项。

第四十条　上市公司召开股东大会审议股权激励计划时，独立董事应当就股权激励计划向所有的股东征集委托投票权。

第四十一条　股东大会应当对本办法第九条规定的股权激励计划内容进行表决，并经出席会议的股东所持表决权的2/3以上通过。除上市公司董事、监事、高级管理人员、单独或合计持有上市公司5%以上股份的股东以外，其他股东的投票情况应当单独统计并予以披露。

上市公司股东大会审议股权激励计划时，拟为激励对象的股东或者与激励对象存在关联关系的股东，应当回避表决。

第四十二条　上市公司董事会应当根据股东大会决议，负责实施限制性股票的授予、解除限售和回购以及股票期权的授权、行权和注销。

上市公司监事会应当对限制性股票授予日及期权授予日激励对象名单进行核实并发表意见。

第四十三条　上市公司授予权益与回购限制性股票、激励对象行使权益前，上市公司应当向证券交易所提出申请，经证券交易所确认后，由证券登记结算机构办理登记结算事宜。

第四十四条　股权激励计划经股东大会审议通过后，上市公司应当在60日内授予权益并完成公告、登记；有获授权益条件的，应当在条件成就后60日内授出权益并完成公告、登记。上市公司未能在60日内完成上述工作的，应当及时披露未完成的原因，并宣告终止实施股权激励，自公告之日起3个月内不得再次审议股权激励计划。根据本办法规定上市公司不得授出权益的期间不计算在60日内。

第四十五条　上市公司应当按照证券登记结算机构的业务规则，在证券登记结算机构开设证券账户，用于股权激励的实施。

激励对象为境内工作的外籍员工的，可以向证券登记结算机构申请开立证券账户，用于持有或卖出因股权激励获得的权益，但不得使用该证券账户从事其他证券交易活动。

尚未行权的股票期权，以及不得转让的标的股票，应当予以锁定。

第四十六条　上市公司在向激励对象授出权益前，董事会应当就股权激励计划设定的激励对象获授权益的条件是否成就进行审议，独立董事及监事会应当同时发表明确意见。律师事务所应当对激励对象获授权益的条件是否成就出具法律意见。

上市公司向激励对象授出权益与股权激励计划的安排存在差异时，独立董事、监事会（当激励对象发生变化时）、律师事务所、独立财务顾问

（如有）应当同时发表明确意见。

第四十七条　激励对象在行使权益前，董事会应当就股权激励计划设定的激励对象行使权益的条件是否成就进行审议，独立董事及监事会应当同时发表明确意见。律师事务所应当对激励对象行使权益的条件是否成就出具法律意见。

第四十八条　因标的股票除权、除息或者其他原因需要调整权益价格或者数量的，上市公司董事会应当按照股权激励计划规定的原则、方式和程序进行调整。

律师事务所应当就上述调整是否符合本办法、公司章程的规定和股权激励计划的安排出具专业意见。

第四十九条　分次授出权益的，在每次授出权益前，上市公司应当召开董事会，按照股权激励计划的内容及首次授出权益时确定的原则，决定授出的权益价格、行使权益安排等内容。

当次授予权益的条件未成就时，上市公司不得向激励对象授予权益，未授予的权益也不得递延下期授予。

第五十条　上市公司在股东大会审议通过股权激励方案之前可对其进行变更。变更需经董事会审议通过。

上市公司对已通过股东大会审议的股权激励方案进行变更的，应当及时公告并提交股东大会审议，且不得包括下列情形：

（一）导致加速行权或提前解除限售的情形；

（二）降低行权价格或授予价格的情形。

独立董事、监事会应当就变更后的方案是否有利于上市公司的持续发展，是否存在明显损害上市公司及全体股东利益的情形发表独立意见。律师事务所应当就变更后的方案是否符合本办法及相关法律法规的规定、是否存在明显损害上市公司及全体股东利益的情形发表专业意见。

第五十一条　上市公司在股东大会审议股权激励计划之前拟终止实施股权激励的，需经董事会审议通过。

上市公司在股东大会审议通过股权激励计划之后终止实施股权激励的，应当由股东大会审议决定。

律师事务所应当就上市公司终止实施激励是否符合本办法及相关法律法规的规定、是否存在明显损害上市公司及全体股东利益的情形发表专业意见。

第五十二条　上市公司股东大会或董事会审议通过终止实施股权激励计划决议，或者股东大会审议未通过股权激励计划的，自决议公告之日起3个月内，上市公司不得再次审议股权激励计划。

第六章　信息披露

第五十三条　上市公司实行股权激励，应当真实、准确、完整、及时、公平地披露或者提供信息，不得有虚假记载、误导性陈述或者重大遗漏。

第五十四条　上市公司应当在董事会审议通过股权激励计划草案后，及时公告董事会决议、股权激励计划草案、独立董事意见及监事会意见。

上市公司实行股权激励计划依照规定需要取得有关部门批准的，应当在取得有关批复文件后的2个交易日内进行公告。

第五十五条　股东大会审议股权激励计划前，上市公司拟对股权激励方案进行变更的，变更议案经董事会审议通过后，上市公司应当及时披露董事会决议公告，同时披露变更原因、变更内容及独立董事、监事会、律师事务所意见。

第五十六条　上市公司在发出召开股东大会审议股权激励计划的通知时，应当同时公告法律意见书；聘请独立财务顾问的，还应当同时公告独立财务顾问报告。

第五十七条　股东大会审议通过股权激励计划及相关议案后，上市公司应当及时披露股东大会决议公告、经股东大会审议通过的股权激励计划以及内幕信息知情人买卖本公司股票情况的自查报告。股东大会决议公告中应当包括中小投资者单独计票结果。

第五十八条　上市公司分次授出权益的，分次授出权益的议案经董事会审议通过后，上市公司应当及时披露董事会决议公告，对拟授出的权益价格、行使权益安排、是否符合股权激励计划的安排等内容进行说明。

第五十九条　因标的股票除权、除息或者其他原因调整权益价格或者数量的，调整议案经董事会审议通过后，上市公司应当及时披露董事会决议公告，同时公告律师事务所意见。

第六十条　上市公司董事会应当在授予权益及股票期权行权登记完成

后、限制性股票解除限售前，及时披露相关实施情况的公告。

第六十一条　上市公司向激励对象授出权益时，应当按照本办法第四十四条规定履行信息披露义务，并再次披露股权激励会计处理方法、公允价值确定方法、涉及估值模型重要参数取值的合理性、实施股权激励应当计提的费用及对上市公司业绩的影响。

第六十二条　上市公司董事会按照本办法第四十六条、第四十七条规定对激励对象获授权益、行使权益的条件是否成就进行审议的，上市公司应当及时披露董事会决议公告，同时公告独立董事、监事会、律师事务所意见以及独立财务顾问意见（如有）。

第六十三条　上市公司董事会按照本办法第二十七条规定审议限制性股票回购方案的，应当及时公告回购股份方案及律师事务所意见。回购股份方案经股东大会批准后，上市公司应当及时公告股东大会决议。

第六十四条　上市公司终止实施股权激励的，终止实施议案经股东大会或董事会审议通过后，上市公司应当及时披露股东大会决议公告或董事会决议公告，并对终止实施股权激励的原因、股权激励已筹划及实施进展、终止实施股权激励对上市公司的可能影响等做出说明，并披露律师事务所意见。

第六十五条　上市公司应当在定期报告中披露专著期内股权激励的实施情况，包括：

（一）报告期内激励对象的范围；

（二）报告期内授出、行使和失效的权益总额；

（三）至报告期末累计已授出但尚未行使的权益总额；

（四）报告期内权益价格、权益数量历次调整的情况以及经调整后的最新权益价格与权益数量；

（五）董事、高级管理人员各自的姓名、职务以及在专著期内历次获授、行使权益的情况和失效的权益数量；

（六）因激励对象行使权益所引起的股本变动情况；

（七）股权激励的会计处理方法及股权激励费用对公司业绩的影响；

（八）报告期内激励对象获授权益、行使权益的条件是否成就的说明；

（九）报告期内终止实施股权激励的情况及原因。

第七章 监督管理

第六十六条 上市公司股权激励不符合法律、行政法规和本办法规定，或者上市公司未按照本办法、股权激励计划的规定实施股权激励的，上市公司应当终止实施股权激励，中国证监会及其派出机构责令改正，并书面通报证券交易所和证券登记结算机构。

第六十七条 上市公司未按照本办法及其他相关规定披露股权激励相关信息或者所披露的信息有虚假记载、误导性陈述或者重大遗漏的，中国证监会及其派出机构对公司及相关责任人员采取责令改正、监管谈话、出具警示函等监管措施；情节严重的，依照《证券法》予以处罚；涉嫌犯罪的，依法移交司法机关追究刑事责任。

第六十八条 上市公司因信息披露文件有虚假记载、误导性陈述或者重大遗漏，导致不符合授予权益或行使权益安排的，未行使权益应当统一回购注销，已经行使权益的，所有激励对象应当返还已获授权益。对上述事宜不负有责任的激励对象因返还已获授权益而遭受损失的，可按照股权激励计划相关安排，向上市公司或负有责任的对象进行追偿。

董事会应当按照前款规定和股权激励计划相关安排收回激励对象所得收益。

第六十九条 上市公司实施股权激励过程中，上市公司独立董事及监事未按照本办法及相关规定履行勤勉尽责义务的，中国证监会及其派出机构采取责令改正、监管谈话、出具警示函、认定为不适当人选等措施；情节严重的，依照《证券法》予以处罚；涉嫌犯罪的，依法移交司法机关追究刑事责任。

第七十条 利用股权激励进行内幕交易或者操纵证券市场的，中国证监会及其派出机构依照《证券法》予以处罚；情节严重的，对相关责任人员实施市场禁入等措施；涉嫌犯罪的，依法移交司法机关追究刑事责任。

第七十一条 为上市公司股权激励计划出具专业意见的证券服务机构和人员未履行勤勉尽责义务，所发表的专业意见存在虚假记载、误导性陈述或者重大遗漏的，中国证监会及其派出机构对相关机构及签字人员采取责令改正、监管谈话、出具警示函等措施；情节严重的，依照《证券法》予以处罚；涉嫌犯罪的，依法移交司法机关追究刑事责任。

第八章 附 则

第七十二条 本办法下列用语具有如下含义：

标的股票：指根据股权激励计划，激励对象有权获授或者购买的上市公司股票。

权益：指激励对象根据股权激励计划获得的上市公司股票、股票期权。

授出权益（授予权益、授权）：指上市公司根据股权激励计划的安排，授予激励对象限制性股票、股票期权的行为。

行使权益（行权）：指激励对象根据股权激励计划的规定，解除限制性股票的限售、行使股票期权购买上市公司股份的行为。

分次授出权益（分次授权）：指上市公司根据股权激励计划的安排，向已确定的激励对象分次授予限制性股票、股票期权的行为。

分期行使权益（分期行权）：指根据股权激励计划的安排，激励对象已获授的限制性股票分期解除限售、已获授的股票期权分期行权的行为。

预留权益：指股权激励计划推出时未明确激励对象、股权激励计划实施过程中确定激励对象的权益。

授予日或者授权日：指上市公司向激励对象授予限制性股票、股票期权的日期。授予日、授权日必须为交易日。

限售期：指股权激励计划设定的激励对象行使权益的条件尚未成就，限制性股票不得转让、用于担保或偿还债务的期间，自激励对象获授限制性股票完成登记之日起算。

可行权日：指激励对象可以开始行权的日期。可行权日必须为交易日。

授予价格：上市公司向激励对象授予限制性股票时所确定的、激励对象获得上市公司股份的价格。

行权价格：上市公司向激励对象授予股票期权时所确定的、激励对象购买上市公司股份的价格。

标的股票交易均价：标的股票交易总额/标的股票交易总量。

本办法所称的"以上""以下"含本数,"超过""低于""少于"不含本数。

第七十三条 国有控股上市公司实施股权激励,国家有关部门对其有特别规定的,应当同时遵守其规定。

第七十四条 本办法适用于股票在上海、深圳证券交易所上市的公司。

第七十五条 本办法自 2016 年 8 月 13 日起施行。原《上市公司股权激励管理办法(试行)》(证监公司字〔2005〕151 号)及相关配套制度同时废止。

附录3 安徽省所涉人力资本作价入股政策文件

中共安徽省委安徽省人民政府
关于建设合芜蚌自主创新综合试验区人才特区的意见

（2012 年 3 月 26 日）

为贯彻落实省第九次党代会精神，更加突出创新驱动、人才优先，省委、省政府决定建设合芜蚌自主创新综合试验区（以下简称试验区）人才特区，大力提高自主创新能力、着力塑造竞争新优势，推动全省经济社会又好又快发展。现就试验区人才特区工作提出以下意见。

一、总体要求

实施"611 人才行动"，在特定区域针对特殊对象，实行特殊政策、特殊机制和特事特办，大力建设试验区人才特区。"十二五"期间，围绕主导产业和经济社会发展重点领域，扎实推进 6 项工程建设，重点引进培育 100 名左右掌握国际领先技术、引领战略性新兴产业发展的领军人才和 1000 名左右从事主导产业关键核心技术研发并转化重大科技成果的高端人才，引领带动试验区乃至全省创新创业人才总量大幅度增长。加快突破高端技术、落地高端项目、开发高端产品、发展高端产业，努力把试验区打造成人才智力高度密集、体制机制不断创新、科技创新高度活跃、新兴产业高速发展的人才特区，为建设美好安徽提供战略支撑。

二、实施六项工程

（一）重点计划引育人才工程。全面落实中央人才政策，力争更多人才进入"千人计划"。围绕壮大主导产业，制订引进领军人才、高端人才的专项计划。以企业为主体，加快实施省"百人计划"、"高端外国专家引智工程"等，切实抓好"115"产业创新团队建设，大力推进战略性新兴产业"111"人才聚集工程。健全海外人才联络机制，依托统战、外事、侨务、群团和社会中介等渠道，加强与驻外使领馆、华侨华人社团组织的联络，形成定向寻访和引进海外领军人才、高端人才的网络。鼓励合芜蚌三市结合实际制定特殊人才政策，支持开发园区、企业等通过开展重大产学研合作等形式，面向国内外引进或柔性引进领军人才、高端人才。

责任单位：省创新办、省委组织部、省委统战部、省发改委、省教育厅、省经济和信息化委、省财政厅、省人力资源和社会保障厅、省外办、省科协，合肥市、芜湖市、蚌埠市。

（二）产学研实体集聚人才工程。面向主导产业发展需求，突出试验区特色优势，坚持"以市为主"，建设高层次、综合性、开放式的新型产学研示范实体，集聚一批国内外领军人才、高端人才团队，研发转化一批重大科技成果，孵化培育一批科技企业，形成一批产业基地。

责任单位：省创新办、省委组织部、省发改委、省经济和信息化委、省财政厅、省人力资源和社会保障厅，合肥市、芜湖市、蚌埠市。

（三）重大科技成果转化工程。扶持由领军人才、高端人才承担的重大科技成果转化项目，鼓励高校、科研院所科技人员创办企业或进入企业转化科技成果。依托高新技术产业开发区和经济技术开发区等园区，开辟海外领军人才、高端人才科技创新创业园。加强试验区科技创新公共服务中心和科研集群、孵化、产业化基地建设，打造重大科技成果转化集成孵化平台，加快重大科技成果转化和创新产品推广。

责任单位：省创新办、省委组织部、省发改委、省财政厅、省人力资源和社会保障厅、省商务厅，合肥市、芜湖市、蚌埠市。

（四）战略性新兴产业引领工程。推进优势传统产业和战略性新兴产业融合发展，深入实施"千百十"工程，支持领军人才、高端人才领衔攻关科研难题，创新技术标准，抢占产业链高端。鼓励重大技术装备、关键成套设备的研发应用，加快培育领军企业，尽快形成规模。积极争取国家有关部委支持，优先在试验区布局一批战略性新兴产业重大工程项目。建立试验区与中关村合作机制，引进高校、科研院所到试验区建立研发机构、转化科技成果，引进高端企业到试验区设立分支机构、建立产业基地。实行"一企一策"，扶持战略性新兴产业重点企业尽快发展壮大、做优做强。

责任单位：省发改委、省创新办、省财政厅，合肥市、芜湖市、蚌埠市。

（五）创新创业载体建设工程。以合肥、芜湖、蚌埠国家级高新技术产业开发区为重点，集聚创新要素，转化创新成果，打造产业和人才高地。积极争取国家有关部委支持，推进合肥国家科技创新型试点市示范核心区建设，强化基础研究和应用技术研究对接，加快科技成果转化。鼓励企业整合高校、科研院所科技资源，建立一批重点实验室和新型研发机构，研发转化重大科技成果。

责任单位：省创新办、省委组织部、省发改委、省经济和信息化委、省人力资源和社会保障厅，合肥市、芜湖市、蚌埠市。

（六）创新创业环境优化工程。加大先行先试力度，积极争取国家支持开展更多政策试点。用足用活企业股权和分红激励试点政策，放大综合效应。加快推进科技金融结合，完善创业投资、境内外上市等投融资服务模式。支持国家高新技术产业开发区进入股权代办转让系统。深入实施知识产权质押贷款、科技保险试点，加快推进科技担保、科技贷款。强化知识产权的行政与司法保护，完善试验区知识产权保护制度。培育引进领军人才、高端人才的中介机构，建立面向领军人才、高端人才的跟踪服务和沟通反馈机制，协助解决工作和生活中的实际困难，不断优化特殊人才的工作环境、生活环境、政策环境和法制环境。更加尊重人才、珍惜人才、关爱人才、用好人才，努力营造"鼓励创新、宽容失败"的创新环境。

责任单位：省委组织部、省创新办、省发改委、省财政厅、省人力资源和社会保障厅、省地税局、省政府金融办、省国税局，合肥市、芜湖市、蚌埠市。

三、政策措施

（一）市场化人才评价政策。对掌握国际领先技术、携带重大科技成果来试验区转化，以及从事主导产业关键核心技术研发并转化重大科技成果、有望带来重大经济社会效益的人才和团队，经所在市评审并报国家技术创新工程试点暨合芜蚌自主创新综合试验区工作推进领导小组审核后，认定为领军人才或高端人才。颁发领军人才或高端人才证书，证书有效期3年。

责任单位：省人力资源和社会保障厅、省创新办、省委组织部、省财政厅，合肥市、芜湖市、蚌埠市。

（二）人力资本作价入股政策。领军人才或高端人才，可凭借研发技能、管理经验等人力资本作价出资办企业。上述人力资本可协商作价，也可经法定评估机构评估作价。作价入股经企业股东大会或职工代表大会审核通过后，形成作价协议。注册资本中高新技术成果和人力资本的作价可以叠加进行注册。

责任单位：省工商局、省财政厅、省国资委，合肥市、芜湖市、蚌埠市。

（三）个人所得税优惠政策。2013 年 12 月 31 日前，试验区内高新技术企业转化科技成果，以股份或出资比例等股权形式给予本企业相关技术人员奖励，技术人员一次性缴纳税款有困难的，经主管税务机关审核，可分期缴纳个人所得税，但最长不得超过 5 年。试验区内高新技术企业、创新型企业和创业风险投资机构年薪 10 万元以上的高层技术、管理人员，5 年内实际缴纳的个人所得税省、市留成部分全额奖励个人用于创新创业。

责任单位：省财政厅、省地税局、省国税局，合肥市、芜湖市、蚌埠市。

（四）财政扶持政策。省、市财政及试验区专项资金应优先支持领军人才和高端人才创新创业，入选国家"千人计划"的人才由省财政资助 50 万元，入选省"百人计划"的人才由所在市财政给予相应资助。试验区企业通过中介公司引进领军人才和高端人才的，由所在市按照核定中介服务费用的一定比例，给予企业补贴。

责任单位：省财政厅、省创新办、省委组织部、省人力资源和社会保障厅，合肥市、芜湖市、蚌埠市。

（五）职称评定政策。试验区高新技术企业中从事工程技术研发生产且做出突出贡献的人才，可不受学历、资历、身份、职称、任职年限和论文数量等限制，免于职称外语和计算机应用能力考试，直接申报高级工程师以上专业技术资格评审。

责任单位：省人力资源和社会保障厅、省经济和信息化委，合肥市、芜湖市、蚌埠市。

（六）住房优惠政策。领军人才和高端人才由所在市财政提供购房补贴、租房补贴。鼓励合芜蚌三市建设人才公寓，定向配售给领军人才和高端人才自住。

责任单位：省住房和城乡建设厅，合肥市、芜湖市、蚌埠市。

（七）居留与出入境政策。对外籍领军人才和高端人才及随迁外籍配偶、未满 18 周岁未婚子女，办理《外国人永久居留证》。对未获得《外国人永久居留证》的外籍领军人才和高端人才及配偶、未满 18 周岁子女，需多次临时出入境的，办理 2~5 年有效期的外国人居留许可或多次往返签证。

责任单位：省公安厅、省人力资源和社会保障厅，合肥市、芜湖市、蚌埠市。

（八）学术研修交流资助政策。领军人才和高端人才参加国际学术会议、交流访问、短期进修等，由所在市给予一定比例的活动经费资助。鼓励企事业单位建立学术研修资金，支持领军人才和高端人才开展学术交流。

责任单位：合肥市、芜湖市、蚌埠市。

（九）医疗及配偶安置、子女入学政策。领军人才和高端人才享受医疗照顾人员待遇，到指定的医疗机构就医。所需医疗经费通过现行医疗保障制度解决，不足部分由用人单位按照有关规定解决。对于领军人才和高端人才随迁配偶，纳入所在市公共就业服务体系，优先推荐就业岗位，积极提供就业服务；暂时无法安排的，领军人才和高端人才所在单位可参照本单位平均工资水平，以适当方式为其发放生活补贴。领军人才和高端人才子女入托及义务教育阶段入学，尊重其意愿由所在市教育部门协调安排到相应公办学校就读。

责任单位：省委保健办、省教育厅、省人力资源和社会保障厅、省卫生厅，合肥市、芜湖市、蚌埠市。

（十）人才服务政策。领军人才和高端人才办理工作调动、户口迁转、签证办理、工商注册等，合芜蚌三市及所辖县（市、区）、开发区应开通"绿色通道"，实行一站式受理、一次性告知、一条龙服务。

责任单位：合肥市、芜湖市、蚌埠市。

四、组织领导

在国家技术创新工程试点暨合芜蚌自主创新综合试验区工作推进领导小组统一领导下，由省委组织部牵头抓总试验区人才特区建设工作，省创新办统筹协调推进。合芜蚌三市和省直有关单位要根据职责分工，制定实施细则，抓好贯彻落实。各级宣传部门要深入宣传人才特区建设的重要意义和政策措施，广泛宣传领军人才和高端人才创新业绩和先进事迹，努力营造全社会共同关心支持人才特区建设的舆论氛围。

发挥试验区人才特区政策辐射效应，鼓励试验区外的市结合自身实际，制定特殊人才政策，引进培育领军人才和高端人才，壮大人才队伍，为经济社会发展提供强大的人才智力支撑。

附录4 温州市人力资本
出资入股政策

市委办公室 市政府办公室关于印发《温州市人力
资本出资登记试行办法》和《温州市人力
资本出资入股认定试行办法》的通知

温委办〔2006〕6号

各县（市、区）委、人民政府，市直属各单位：

《温州市人力资本出资登记办法（试行）》和《温州市人力资本出资入股认定办法（试行）》，已经市委、市政府领导同意，现印发给你们，请结合工作实际，认真贯彻执行。

中共温州市委办公室
温州市人民政府办公室
2006年2月15日

温州市人力资本出资登记办法（试行）

一、为进一步促进人才资源通过法定形式转化为资本，大力支持我市中小企业特别是高新技术企业的发展，规范人力资本出资行为，根据《中共中央 国务院关于进一步加强人才工作的决定》（中发〔2003〕16号）和修改后的《公司法》的精神，制定本试行办法。

二、本办法所称人力资本指依附在投资者身上，能够给公司带来预期经济效益的人才资源，通过法定形式转化而成的资本。表现为：管理人才、技术人才、营销人才的知识、技能、经验等。

三、适用范围：

（一）适用区域范围：在温州市龙湾区和温州经济技术开发区内登记注册的有限责任公司。

（二）适用行业范围：人力资本较为集中及科技含量较高的先进制造业、现代服务业和创新创意性产业。

（三）适用登记类别：上述企业的设立登记、变更（股权转让、注册资本变更）和注销登记。

四、人力资本出资必须经法定评估机构评估作价，报经市人力资本出资试点工作领导小组确认后一次性投资入股。人力资本出资企业注册资本最低限额为人民币100万元，出资比例不得超过公司注册资本总额的30%。

五、人力资本应当一次性作价入股，不得重复入股，以人力资本方式出资的公司可以对外投资。

六、人力资本出资股东必须与非人力资本出资股东订立协议，明确双方权利和义务，非人力资本出资股东对人力资本出资部分承担连带责任。

七、以人力资本出资登记的，股东应将人力资本的出资方式、作价方式以及其他股东对人力资本出资部分承担连带责任等事项在公司章程中予以载明。

八、以人力资本出资登记的公司，《营业执照》注册资本栏中应注明货币出资的数额。

九、以人力资本出资设立登记的，除法律法规规定应当提交的材料外，还应当向登记机关提交下列文件：

（一）法定评估机构出具的人力资本评估作价报告。

（二）市人力资本出资试点工作领导小组对评估作价报告的确认文件。

（三）经全体股东协商将评估值全部或部分折价确认签字的作价协议。

（四）人力资本出资股东与非人力资本出资股东签订的承担人力资本出资部分连带责任协议。

（五）人力资本的出资人就该人力资本一次性作价入股的承诺书。

十、人力资本出资的公司股权转让的，应当按照《公司登记管理条例》的规定办理股权变更登记，以人力资本出资的股权一般只允许转让给以新的人力资本投资的其他股东，也允许其他股东以《公司法》规定的法定出资方式补足。受让股东以人力资本出资的按第九条规定提交所有材料，受让方人力资本评估作价值不足转让金额，不足部分必须以《公司法》规定的法定出资方式出资，如果不足部分无法出资应办理公司减少注册资本登记。非人力资本出资的股东转让股权，除提交《公司法》规定的法定材料外，还必须提交第九条第三、四款规定的协议。

十一、公司变更其他登记事项与本办法第三条规定相抵触的，应将人力资本出资变更为其他方式出资。

十二、以人力资本出资的股东必须是在该公司任职的高级管理人员、技术人员和营销人员等。该股东不得自营或者为他人经营与其所任职公司同类的营业或者从事损害本公司利益的活动。从事上述营业或者活动的，所得收入应当归公司所有。

十三、以人力资本出资的股东必须保证自身的人身健康安全，如果出现该股东人身伤亡或者其他原因不能使公司产生预期经济效益的，其他股东有权提出减少或转让其人力资本出资额的要求。

十四、含人力资本的公司减少注册资本，应当按照《公司登记管理条例》的规定办理减少注册资本的变更登记。对人力资本已达到公司注册资本30%的，人力资本与其他出资方式同比例减少；对人力资本未达到公司注册资本30%的，可以减少其他出资方式的出资，但人力资本在注册资本中所占比例不得超过减资后公司注册资本的30%，减资后的公司注册资本总额不得少于最低限额。

十五、公司注销清算时，必须提交审计报告。公司以其全部资产对公司的债务承责任承担任，非人力资本出资股东除对公司承担其出资额责任外，还应对人力资本出资部分承担连带责任。在清算过程中，当公司非人力资本资产不能抵偿公司的债务时，人力资本出资股东应以对等的其他方式资产弥补人力资本的出资部分，或由其他方式出资的股东对人力资本出资部分承担连带偿还责任，用以抵偿公司债务。

十六、公司章程中涉及人力资本必须载明相关规范条款：

（一）出资者责任条款：股东应当将人力资本的出资方式、作价方式以及其他股东对人力资本出资部分承担连带责任等事项载明。

（二）股权转让条款：因涉及人力资本股权转让的特殊性，一般只允许转让给以新的人力资本投资的其他股东，也允许其他股东以《公司法》规定的法定出资方式补足。

（三）减资条款：含人力资本的公司减少注册资本，应按《公司登记管理条例》第二十八条规定办理。对人力资本已达到公司注册资本 30% 的，人力资本与其他出资方式同比例减少；对人力资本未达到公司注册资本 30% 的，可以减少其他出资方式的出资，但人力资本在注册资本中所占比例不得超过减资后公司注册资本的 30%。

（四）承担连带责任条款：含人力资本公司注销，必须提交审计报告。在清算过程中，当公司非人力资本资产不能抵偿公司的债务时，人力资本出资股东应以对等的其他方式资产弥补人力资本的出资部分，或由其他方式出资的股东对人力资本出资部分承担连带偿还责任，用以抵偿公司债务。

十七、本试行办法由温州市工商行政管理局负责解释。

温州市人力资本出资入股认定办法（试行）

第一条 为贯彻"科教兴市"、"人才强市"战略，做好人力资本审查认定工作，规范人力资本出资入股行为，制定本办法。

第二条 人力资本，是指依附在投资者身上、能够给公司带来预期经济效益的人才资源通过法定形式转化而成的资本，它可以是管理人才、技术人才或营销人才的知识、技能和经验。

第三条 以人力资本出资入股，由人力资本出资方和企业出资各方共同委托的代表，向科技管理部门提出人力资本审查、认定、备案申请，如实提交相关文件和资料。

第四条 适用区域（暂定）为温州市龙湾区和温州经济技术开发区内登记注册的企业，温州市人力资本出资试点工作领导小组负责人力资本出资入股的认定。

第五条 人力资本的出资者应当保证对该人力资本为一次性作价入股，不得重复入股或多处投资，并就此做出承诺书。

第六条 人力资本可经全体股东协商作价，也可经法定评估机构评估作价，作价后由全体股东签字同意形成作价协议。

第七条 提交审查、认定、备案的材料：

1. 人力资本出资入股认定申请书；

2. 人力资本的出资者承诺书、身份证明、相应的能力证明（包括学历、资历、技术成果、经营业绩证明材料）；

3. 全体股东签字同意的作价协议书。

第八条　科技管理部门自接到全部符合规定的文件之日起，一个月内做出审查认定决定。如发现所提交文件不符合规定，有权要求限期补交或修改，否则不予认定。

第九条　科技管理部门对符合条件的人力资本，出具《人力资本出资入股认定书》（以下简称《认定书》）；对不符合条件的，应将审查意见函告申请人。《认定书》只适用于本次出资入股行为。

第十条　企业出资者应当在收到《认定书》后三个月内，按照国家关于企业登记的有关规定，持科技管理部门的《认定书》和其他文件，到工商行政管理机关办理企业登记手续。逾期申请登记的，应当报审查认定机关确认原认定文件的效力或者另行报批。

第十一条　在人力资本申请审查过程中隐瞒真实情况、提供虚假材料或采取其他欺诈手段骗取人力资本认定书的，由审查认定机构撤销认定书，并通报企业登记机关，由登记机关责令企业改正，并依《公司法》予以处罚。

第十二条　本办法由温州市人力资本出资试点工作领导小组商温州市科学技术局、温州市工商行政管理局解释。

第十三条　本办法自发布之日起施行。

附录5 上海浦东新区人力资本出资办法

浦东新区人力资本出资试行办法

为贯彻"科教兴国"、"人才强国"战略，支持浦东新区的发展，促进人才资源通过法定形式转化为资本，制定本试行办法。

一、人力资本的定义：指依附在投资者身上，能够给公司带来预期经济效益的人才资源，通过法定形式转化而成的资本。表现为：管理人才、技术人才、营销人才的知识、技能、经验等。

二、在浦东新区范围内登记注册的有限责任公司和股份有限公司（不含外商投资企业），属于以金融为核心的现代服务业、以高新技术为主导的先进制造业、以自主知识产权为特征的创新创意产业的，可以人力资本作价投资入股。以人力资本作价出资的金额不得超过公司注册资本的百分之三十五。公司《营业执照》的注册资本栏中应注明货币出资的数额。

三、人力资本可经法定评估机构评估作价，也可经全体股东协商作价并出具由全体股东签字同意的作价协议。人力资本作价入股应当提交由法定验资机构出具的验资证明。

四、以人力资本出资登记的，股东应当将人力资本的出资方式、作价方式以及其他股东对人力资本出资部分承担连带责任等事项在公司章程中予以载明。

五、以人力资本出资登记的，除法律、法规规定应当提交的材料外，还应当向登记机关提交下列文件：

1. 协商作价的，应当提交全体股东就该人力资本作价入股达成的协议；评估作价的，应当由具有评估资格的资产评估机构评估作价；

2. 具有法定资格的验资机构出具的验资证明；

3. 人力资本的出资人就该人力资本一次性作价入股的承诺书。

六、人力资本应当一次性作价入股，不得重复入股。以人力资本方式出资的公司可以对外投资。

七、人力资本出资的公司股权转让的，应当按照《公司登记管理条例》的规定办理股权变更登记。

八、人力资本的退出，应当按照《公司登记管理条例》的规定办理减少注册资本的变更登记。

九、公司清算时，股东以其出资额为限对公司担责任，公司以其全部资产对公司的债务承担责任。

十、本试行办法由上海市工商行政管理局负责解释。

附录6 江苏省推进技术股份化的若干意见

江苏省科学技术委员会、江苏省经济体制改革委员会印发《关于推进技术股份化的若干意见》的通知

苏科成〔1999〕517号

各市科委、体改委：

为了贯彻中共中央、国务院《关于加强技术创新，发展高科技，实现产业化的决定》，调动广大科技人员从事技术创新的积极性，加速科技成果向现实生产力的转化，省科学技术委员会和省经济体制改革委员会联合制定了《关于推进技术股份化的若干意见》（以下简称《意见》）。现将《意见》印发给你们，请认真贯彻执行。

附：《关于推进技术股份化的若干意见》

江苏省科学技术委员会、江苏省经济体制改革委员会
一九九九年十月二十九日

关于推进技术股份化的若干意见

中共中央、国务院《关于加强技术创新，发展高科技，实现产业化的决定》（以下简称《决定》）中指出，要通过深化改革，从根本上形成有利于科技成果转化的体制和机制，加强技术创新，发展高科技，实现产业化。为了贯彻《决定》精神，鼓励体制创新，推进技术股份化，特提出如下意见：

一、鼓励高新技术成果作价入股

经省科技行政主管部门认定的高新技术成果作为股权投资的，成果价值占注册资本的比例可以达到35%。合作各方另有约定的，从其约定。但是成果作价金额在500万元人民币以上，且超过公司或企业注册资本35%的，由省科技行政主管部门报国家科技部审批。用高新技术成果进行股权投资的，应当进行评估。合作各方对成果的价值能够协商一致的，也可以协议价格作为投资价值。高新技术成果作为股权投资的，其成果完成人可以获得不低于该成果所占股份的40%的股权奖励。对科技人员获得的股权奖励，暂不计征个人所得税。

二、鼓励科技人员持大股

应用开发类的科研院所在改制时，骨干科技人员可以持大股。以应用开发类项目的转化应用为主的中小型企业，骨干科技人员的持股比例可以不低于总股本的50%。关系企业生存发展的核心科技人员，可以采用人力资本作价入股的形式。人力资本作价入股，必须由具备相应资质的评估机构采用国际上成熟的人力资本评估方法进行评估，且作价入股的比例不得超过总股本的35%。对国有企业改制为股份制企业的，骨干科技人员购买股权欠缺的资金可以采取先向公司借贷的方式。但借贷金额不得超过应购股份总额的10%，且应当与公司订立借款合同，约定借款担保、借款利息、返还期限、返还方式和违约责任。

三、向科技人员提供股份奖励

经省科技行政主管部门认定的高新技术企业，经有权部门批准后，可以从所有者权益的增值部分中拿出不超过30%的比例作为股份奖励给科技人员。骨干科技人员获得的股份奖励份额，应当不低于上述奖励总额的50%。

四、鼓励采取期股、干股等长期性的激励措施

对公司制企业的骨干科技人员，可以采用期股、干股等长期性的激励措施。实施期股激励，科技人员应与公司签订包含有详细考核指标的期股契约。契约中约定的、在一定期限以后购买本公司股票的价格不得低于公司股票的现值。期股的来源主要有公司原有股东转让、资本公积金和盈余公积金转增和配股权赠送。根据契约确定的指标对科技人员进行考核，并根据考核结果按照契约规定的比例以约定价格逐年兑现。期股激励必须由所在公司董事会提出方案，经股东会同意。兑现后的期股，应当与公司签订托管协议，由公司托管。科技人员提前离开公司或者出现严重经营失误，不得再享有期权。

经有权部门批准后，公司制企业可以在股本结构中设立岗位股，将股份红利作为技术骨干的年度奖金。干股的所有权仍归公司原有股东所有，但享受干股激励的技术骨干拥有干股的收益权。干股兑现根据技术骨干的工作业绩来决定。技术骨干无权转让该股份，离开公司后也不得带走。

此外，公司制企业还可以参照国外有关技术骨干持股的做法，进行适合中国国情的其他股权激励尝试。如对骨干科技人员定向发行股票、赠送配股权或者要求新加入公司的技术骨干从二级市场上购买公司股票并锁定，等等。

一九九九年十月二十九日

附录7 上海市关于知识产权投资入股登记办法

上海市工商行政管理局
关于印发《知识产权投资入股登记办法》的通知

各分局：

为贯彻《上海市人民政府关于实施〈上海中长期科学和技术发展规划纲要（2006～2020年）〉若干配套政策的通知》（沪府发〔2006〕12号）精神，现将《知识产权投资入股登记办法》印发给你们，请遵照执行。

二〇〇六年十月二十六日

知识产权投资入股登记办法

为了鼓励规范法人、其他经济组织和自然人以知识产权投资入股设立内资公司，根据《公司法》、《公司登记管理条例》等法律、法规，制定本办法。

一、股东可以用知识产权作价出资，《公司登记管理条例》第十四条第二款规定禁止出资的除外。

二、作为非货币出资的知识产权应当评估作价，不得高估或者低估作价。

三、知识产权作价出资入股，最高比例可达到公司注册资本的百分之七十。

四、股东以知识产权出资的，在公司章程中必须注明知识产权出资形成的股权退出方式。知识产权评估管理规定由市国资委、市工商局、市知识产权局依照法律、法规共同另行制定。

五、股东以知识产权出资应提交下列文件：

1. 依法设立的验资机构出具的验资证明（需说明评估情况和评估结果）；

2. 已办理财产权转移手续的证明文件；

3. 法律、法规规定的其他文件。

六、登记程序

（一）股东以知识产权作价出资设立公司

1. 申请人或者其委托的代理人向登记机关提出企业名称预先核准申请，登记机关依法在法定时间内作出是否予以核准的决定。

2. 申请人办理知识产权的评估、验资和权属转移手续。

3. 申请人或者其委托的代理人向登记机关提出设立申请，登记机关收取材料并出具收到材料凭据，依法在法定时间内作出是否予以受理决定。申请材料齐全、符合法定形式的，受理后当场做出准予登记的决定。

4. 登记机关作出准予设立登记决定的，应当出具《准予设立登记通知书》，告知申请人自决定之日起十日内，领取营业执照。

5. 法律、法规规定的其他登记程序。

（二）股东以知识产权作价出资增加公司注册资本

1. 适用前款设立公司程序第2项、第3项。

2. 登记机关作出准予变更登记决定的，应当出具《准予变更登记通知书》，告知申请人自决定之日起十日内，换发营业执照。

3. 法律、法规规定的其他登记程序。

七、本办法自发布之日起施行。

附录8 湖南省以专利使用权出资登记注册公司的规定

关于支持以专利使用权出资登记注册公司的若干规定（试行）

湘科政字〔2014〕144号

各市州、县市区科技局、工商局、知识产权局：

为建设创新型湖南，鼓励创新创业，加快知识产权转化运用，经省人民政府同意，现就以专利使用权出资登记注册公司事项作如下规定：

一、专利使用权是专利权人使用该项专利应用于生产并获得收益的权利，属于知识产权范畴。专利使用权出资是将其作为资本进行投资，与资金投资方提供的资金共同投资入股。

二、在登记注册公司时允许专利权人用专利使用权作价出资，入股比例不受限制，促进财产性权利转化为资本。

三、用专利使用权作价出资登记注册公司应该具备以下条件：

（一）对用于出资的专利使用权由有资质的专业评估机构进行评估作价，并不得高估或者低估作价；

（二）专利许可方式为在中国境内独占许可，即双方应签订独占专利实施许可合同，包括专利权人在内的任何第三方都不得具有对该项专利技术的使用权；

（三）以专利使用权出资方具有持续获取与所在公司业务发展相关专利的能力；

（四）符合登记注册公司相关规定。

四、各级专利主管部门应加强对以专利使用权出资有关事项的监管，对出资方提交的以下资料进行有效性审查：

（一）专利登记簿副本；

（二）专利实施许可合同；

（三）专利实施许可合同备案证明。

五、按时缴纳专利年费，保持专利权的有效性。

六、以专利使用权出资方可以用新的专利权或专利使用权作价用于公司资本维持。

七、本规定试行期 2 年。

湖南省科学技术厅　　　湖南省工商行政管理局　　　湖南省知识产权局

2014 年 12 月 9 日

附录9 河北省推进专利权作价出资入股的试行办法

关于印发《关于推进专利权作价出资入股的试行办法》的通知

冀知协〔2015〕12号

各设区市科技局、知识产权局（处）、定州、辛集市科技局、石家庄高新区科技局、有关县（市、区）科技局：

为促进我省市场主体增加和中小微企业壮大，结合我省实际，我局制定了《关于推进专利权作价出资入股的试行办法》，现印发给你们，请遵照执行。

实践工作中的具体问题，请及时反馈我局协调管理处。

河北省知识产权局

2015年3月16日

附件：《关于推进专利权作价出资入股的试行办法》

为促进科技型中小微企业发展，鼓励专利权人创业创新，加快专利转移转化，提高企业创新能力，大力培育和壮大市场主体，结合我省实际，制定本试行办法：

一、专利权作价出资入股是指企业依法设立时以专利权作价作为注册资本，或现有企业以专利权作价增资扩股。

二、作价出资入股的专利权为依法获得国家授权的有效专利，包括发明、实用新型和外观设计三种专利。其中发明专利权剩余有效期不少于 3 年，实用新型、外观设计专利权剩余有效期不少于 4 年。

三、企业可以由专利权人出资入股，也可以购买专利权出资入股，出资入股比例不受限制。购买用于出资入股的发明专利权剩余有效期不少于 4 年，实用新型、外观设计专利权剩余有效期不少于 5 年。

四、以专利权作价出资入股的，应当委托具有合法资质的评估机构评估作价。评估机构应当依法依规合理评估，不得高估或低估作价。

五、以专利权作价出资入股的企业，应当依法办理专利权变更手续，并按时缴纳年费等相关费用，维持专利权有效。现有企业以自有专利权作价增资扩股的无须办理专利权变更手续。

六、专利权出资人可就企业设立或专利权入股后的经营管理、利益分配、专利价值变动等有关事项进行约定。

七、以专利权作价出资入股的企业应依法运作，规范管理，注重维护自身信用、声誉，不得弄虚作假。

八、对以专利权作价出资入股的企业，补贴作价环节评估费的 80%，最高不超过 5 万元；并按其作价额的 10% 给予经费扶持，最高不超过 20 万元。

九、以专利权作价出资入股的企业应加强专利管理制度建设，建立以获取专利权为主要目标的技术创新机制，鼓励围绕核心专利再创新，提高利用知识产权制度参与市场竞争能力。对新产生专利的，全额资助 3 年内专利申请、维持费用。

十、鼓励以专利权作价出资入股的企业积极开展专利权质押贷款、专利保险等全方位创新实践，实现创新发展。对开展专利权质押贷款的，给予全额贴息，最高不超过 50 万元。开展专利权质押贷款发生的担保费、评估费及投保专利保险的保费按现有规定执行。

十一、各级知识产权管理部门应充分发挥部门职能，积极筹措匹配资金，协同推进专利权作价出资入股工作，促进市场主体增加。

十二、本办法自发布之日起试行。

参考文献

［1］ Abhayawansa S. and Abeysekera I. Intellectual capital disclosure from sell – side analyst perspective ［J］. Journal of Intellectual Capital, 2009, 10 （2）.

［2］ Andriessen D. Weightless wealth: four modifications to standard IC theory ［J］. Journal of Intellectual Capital, 2001, 2 （3）.

［3］ Andrikopoulos A. The real – options approach to intellectual capital analysis: a critique ［J］. Knowledge & Process Management, 2005, 12 （3）.

［4］ Baldwin C. Y. and Clark K. B. Design rules: the power of modularity （Vol. 1.） ［M］. MIT Press, 2000.

［5］ Becker Gary. Human capital and the personal distribution of income: analytical Approach ［C］. Woytinsky Lecture No. 1, Institute of Public Administration and Arbor, University of Michigan, 1997.

［6］ Bell C. R. Intellectual capital ［J］. Executive Excellence , 1997, 14 （1）: 15.

［7］ Bo Hansson. Is it time to disclose information about human capital investments? ［R］. Working Paper, IPF Uppsala University, 2004.

［8］ Bontis N. Intellectual capital: an exploratory study that develops measures and models ［J］. Management Decision, 1998, 36 （2）.

［9］ Boudreau J. W. and Ramstad P. M. Measuring intellectual capital: learning from financial history ［J］. Human Resource Management, 1997, 36 （3）.

［10］ Brennan N. and Connell B. Intellectual capital: current issues and policy implications ［J］. Journal of Intellectual Capital, 2000, 1 （3）.

［11］ Brooking A. Intellectual capital: core asset for the thirds millennium

[M] . Boston ：International Thomson Business Press, 1996.

[12] Chang J. , Lai C. and Lin C. Profit sharing, worker effort, and double – sided moral hazard in an efficiency wage model [J] . Journal of comparative Economics, 2003 (31) .

[13] Chen M. C. , Cheng S. J. and Hwang Y. C. An empirical investigation of the relationship between intellectual capital and firms' market value and financial performance [J] . Journal of Intellectual Capital, 2005, 6 (2) .

[14] Cordazzo M. IC statement vs environmental and social reports [J] . Journal of Intellectual Capital, 2005, 6 (3) .

[15] Cuganesan S. Intellectual capital – in – action and value creation：a case study of knowledge transformations in an innovation project [J] . Journal of Intellectual Capital, 2005, 6 (3) .

[16] Daniel Andriessen. Intellectual capital literature review Measurement, reporting and management [J] . Journal of Intellectual Capital, 2004, 5 (2) .

[17] Daniel Z. and Anis M. Analysing value added as an indicator of intellectual capital and its consequences on company performance [J] . Journal of Intellectual Capital, 2010, 11 (1) .

[18] Dimsdale, N. Capital markets and corporate governance [R] . University of MIT, working paper, 1994.

[19] Edvinsson L. , Malone M. S. Intellectual capital：realizing your company's true value by finding its hidden brain – power [M] . New York：Harper Collins , 1997.

[20] Edvinsson L. , Sullivan P. Developing a model for managing intellectual capital [J] . European Management Journal, 1996 (4) .

[21] Edvinsson L. Developing intellectual capital at Skandia [J] . Long Range Planning, 1997 (30) .

[22] Evan Davis, John Kay. Assessing corporate performance [J]. Business Strategy Review, 1990, 2 (1) .

[23] Gorton and G. , F. A. Schmid. Universal Banking and the performanceof german firms [J] . Journal of Financial Economics, 2000 (58) .

[24] Griliches. Estimating the returns to schooling：Some econometric problems [J] . Econometrica, 1977, 45 (1) .

［25］ Guthrie J. The management, measurement and the reporting of intellectual capital ［J］. Journal of Intellectual Capital, 2001, 2 (1).

［26］ Harris M. and A. Raviv. Corporate governance: voting rights and majority rules ［J］. Journal of Financial Economics, 1988 (20).

［27］ Harrison S., McLean R. Intellectual Capital Management and Performance Measurement: A Framework for ICM Met－nics ［EB/OL］. www. icmgroup. Com.

［28］ Heng M. S. H. Mapping intellectual capital in a small manufacturing enterprise ［J］. Journal of Intellectual Capital, 2001, 2 (1).

［29］ Holmstrom, Bengt and J. Tirole. "The theory of the firm ［M］// Handbook of Industrial Organization, R. Willig (eds.), Amsterdam: North Holland, 1989.

［30］ Hudson W. Intellectual capital: how to build it, enhance it and use it ［M］. NewYork, NY: Wiley Books, 1993.

［31］ Hurwitz J., Lines S., Montgomery B. and Schmidt J. The linkage between management practices, intangibles performance and stock returns ［J］. Journal of Intellectual Capital, 2002, 3 (1).

［32］ Jean－Marie Viaene Itzhak Zilcha. Human capital and cross－country comparison of inequality ［R］. Tinbergen Institute Discussion Papers 02－036/2, Tinbergen Institute, 2002.

［33］ Jensen P. E. A contextual theory of learning and the learning organization ［J］. Knowledge and Process Management, 2005, 12 (1).

［34］ Jensen M., Meckling, W.. Theory of the firm: Managerial behavior, agency costs, and ownership structure ［J］. Journal of Financial Economics, 1976 (3).

［35］ Kamath G. B. The intellectual capital performance of Indian banking sector ［J］. Journal of Intellectual Capital, 2007, 8 (1).

［36］ Kamath G. B. Intellectual capital and corporate performance in Indian pharmaceutical industry ［J］. Journal of Intellectual Capital, 2008, 9 (4).

［37］ K. Arrow. Economic Implication of Learning by Doing ［J］. Review of Economic Studies, 1962, 25 (6).

［38］ Leliaert P. J. C., Candries W. and Tilmans R. Identifying and managing IC : a New classification [J]. Journal of Intellectual Capital, 2003, 4 (2).

[39] Lucas Robert E., Jr. On the mechanics of economic development [J]. Journal of Monetary Economics, 1988 (22).

[40] Marr B., Moustaghfir K. Defining intellectual capital: a three – dimensional approach [J]. Journal of Intellectual Capital, 2005, 43 (9).

[41] María D. L. Patrocinio Z., Enrique C. and José F. M. Sustainable development and intangibles: building sustainable intellectual capital [J]. Business Strategy and the Environment, 2011, 20 (1).

[42] Masoulas Vasilis. Organizational requirements definition for intellectual capital management [J]. International Journal of Technology Managment, 1998 (16).

[43] Mavridis D. G. The intellectual capital performance of the Japanese banking sector [J]. Journal of Intellectual Capital, 2004, 5 (1).

[44] Milgorm and Robert. Economics, organization and management, englewood cliffs [M]. NJ: Prentice hall. 1992.

[45] OECD. Intellectual capital: experiences, issues, and prospects [R]. Amsterdam: Guidelines and Instructions for OECD Symposium, 1999.

[46] Oliver D. Hart John Moore. Property rights and the nature of the firm [J]. Journal of Political Economy, 1990, 98 (6): 1119 – 1158.

[47] Robert E. Lucas, Ji. On the mechanics of economics development [J]. Journal of Monetary Economics, 1998 (22).

[48] Roos Goran, Alan Bainbridge, Kristine Jacobsen. Intellectual capital analysis as a strategic tool [J]. Strategy and Leadership Journal, 2001, 29 (4).

[49] Roos G. J. Measuring your company's intellectual capital [J]. Long Range Planning, 1997 (30): 413 –426.

[50] Rosen, S. Human Capital: A Survey of Empirical Research [J]. Research in Labor Economics, 1997 (1).

[51] Rylander A. and Peppard J. From implementing strategy to embodying strategy: linking strategy, identity and intellectual capital [J]. Journal of Intellectual Capital, 2003, 4 (3).

［52］ Sanchez M. P. , Chaminade C. and Olea M. Management of intangibles: an attempt to build a rtheory ［J］ . Journal of Intellectual Capital, 2000, 4 (1) .

［53］ Schliefer N. Summers G. Hostile takeovers as breaches of Trust ［M］ . Clarendon Press, 1988.

［54］ Schultz T. W. Investment in human capital ［J］ . American Economic Review, 1961 (51) .

［55］ Serenko A. , Bontis N. , Hardie T. Organizational size and knowledge flow: a proposed theoretical link ［J］ . Journal of Intellectual Capital, 2007, 8 (4) .

［56］ Serenko A. , Bontis N. Meta – review of knowledge management and intellectual capital literature: citation impact and research productivity rankings ［J］ . Knowledge and Process Management, 2004, 11 (3) .

［57］ Shrivastava P. Rigor and practical usefulness of research in strategic management ［J］ . Strategic Management Journal, 1987, 8 (1) .

［58］ Siana H. Statistical analysis on the intellectual capital statement ［J］ . Journal of Intellectual Capital, 2010, 11 (1) .

［59］ Stewart T. A. Intellectual Capital ［M］ . London: Nicholas Brealey Publishing, 1997.

［60］ Stiglitz J. E. Incentives and risk sharing in sharecropping ［J］ . Review of Economic Studies, 1974 (2) .

［61］ Sturgeon T. J. Modular Production Networks: A New American Model of Industrial Organization (Vol. 11) ［J］ . Industrial and Corporate Change, 2002 (3) .

［62］ Sveiby K. E. A knowledge – based theory of the firm to guide in strategy formulation ［J］ . Journal of Intellectual Capital, 2001, 2 (4) .

［63］ Tan H. P. , Plowman D. and Hancock P. Intellectual capital and financial returns of companies ［J］ . Journal of Intellectual Capital, 2007, 8 (1) .

［64］ T. W. Schultz. Investment in human capital ［J］ . The American Economic Review, 1961, 51 (1) .

［65］ Volker Grossmann. Risky human capital investment, income distribution, and M macroeconomic Dynamics ［R］ . Discussion Paper, 2004.

［66］Weitzman. The Share Economy：Conquering Stagflation ［M］. Cambridge，Mass：Harvard University Press，1984.

［67］Williamson O. E. The Economic Institutions of Capitalism ［M］. Free Press，New York，1985.

［68］Yiming Qian. Human capital intensive firms：Incentive and Capital Structure Working Paper ［R］. Tippie College of Business，2003.

［69］Zhen D.，Lev B. and Narin F. Science and technology as predictors of stock performance ［J］. Financial Analysts Journal，1999，55（3）.

［70］百度百科．海尔集团，企业介绍［EB/OL］. http：//baike. baidu. com/view/39501. htm#1.

［71］百度百科．谬误，真理和谬误在一定条件下又是可以相互转化的［EB/OL］. http：//baike. baidu. com/link？url = yT5L3Po6uNkvpJB7UpX4Ta9h9hor04p6u1SZqccWci3a9UwuzOd6FXQ17vjsI1xL.

［72］曹虹剑，张慧，刘茂松．产权治理新范式：模块化网络组织产权治理［J］. 中国工业经济，2010（7）.

［73］陈育琴．人力资本股份化：现实中激励约束机制的次优选择［J］. 桂海论丛，2003（2）.

［74］崔之元．美国国会29个州公司法变革的理论背景及对我国的启示［J］. 经济研究，1996（4）.

［75］戴亦一．媒体监督、政府干预与公司治理：来自中国上市公司财务重述视角的证据［J］. 世界经济，2011（4）.

［76］豆丁网．格力经销商持股公司股份，与格力的利益高度一致［EB/OL］. http：//www. docin. com/p - 352335934. html.

［77］方竹兰．人力资本产权理论与我国国有制经济变革新思路［J］. 学术月刊，2002（2）.

［78］方竹兰．人力资本所有者拥有企业所有权是一个趋势——兼与张维迎博士商榷［J］. 经济研究，1997（6）.

［79］冯子标等．人力资本参与企业收益分配：一个分析框架及其实现条件［J］. 管理世界，2004（3）.

［80］凤凰网．青岛海尔股份有限公司首期股票期权激励计划（草案）摘要［EB/OL］. http：//finance. ifeng. com/roll/20090513/653142. shtml.

［81］盖骁敏．人力资本产权特征及其股权化实现［J］. 山东大学学报

（哲学社会科学版），2003（6）．

［82］格力集团官网．公司介绍［EB/OL］. http：//www. gree. com. cn/about－gree/gsjs_ jsp_ catid_ 1241. shtml.

［83］郭雷．管理层收购中国实践：企业改制与员工持股操作指南［M］．北京：电子工业出版社，2004.

［84］胡世明．论人力资本保全［J］．会计研究，1995（8）．

［85］蒋苁．企业智力资本入股研究［D］．长沙：湖南师范大学硕士学位论文，2012.

［86］李冬琴，黄晓春．智力资本：概念、结构和计量评述［J］．科学学研究，2003（12）．

［87］李海舰，冯丽．企业价值来源及其理论研究［J］．中国工业经济，2004（3）．

［88］李海舰，魏恒．新型产业组织分析范式构建研究——从 SCP 到 DIM［J］．中国工业经济，2007（7）．

［89］李元宝．企业经营者人力资本股权话：制度意义与实现途径［J］．管理现代化，2001（5）．

［90］林毅夫，李周．现代企业制度的内涵与国有企业改革方向［J］．经济研究，1997（3）．

［91］林毅夫．提高劳动所得在分配中的比重［N］．人民日报，2008－01－14.

［92］刘汉民，康丽群．公司治理的路径演化和路径选择［J］．中国工业经济，2013（12）．

［93］刘茂松，曹虹剑．信息经济时代产业组织模块化与垄断结构［J］．中国工业经济，2005（8）．

［94］刘芍佳，李骥．超产权论与企业绩效［J］．经济研究，1998（3）．

［95］刘印芳．智力资本入股对企业劳资分配影响分析［J］．财会通讯，2014（6）．

［96］柳兰．智力资本入股下的治理制度安排［D］．长沙：湖南师范大学硕士学位论文，2015.

［97］秦兴方．按人力资本分配在分配结构中的耦合功能［J］．经济学家，2003（5）．

［98］青木昌彦，安藤晴彦．模块时代：新产业结构的本质［M］．上海：上海远东出版社，2003.

［99］任保平，白永秀．效率激励与人力资本参与企业收入分配的制度创新［J］．求是学刊，2004（4）.

［100］芮明杰，郭玉林．智力资本激励的制度安排［J］．中国工业经济，2002（9）.

［101］盛乐．对人力资本及其产权要求的经济学分析［J］．学术月刊，2005（9）.

［102］思源电气股份有限公司关于上海思源清能电气电子有限公司增资扩股的公告［EB/OL］. http：//disclosure. szse. cn/m/finalpage/2008 – 03 – 08/37849111. PDF.

［103］思源清能电气电子有限公司官网——公司简介［EB/OL］. http：//www. sy – qn. com/cn/aboutus. php.

［104］孙永祥，黄祖辉．上市公司的股权结构与绩效［J］．经济研究，1999（12）.

［105］腾讯网．经销商持续增持格力电器股份［EB/OL］. http：//tech. qq. com/a/20100713/000401. htm.

［106］王华成．企业分配理论模式研究［J］．会计师，2005（4）.

［107］文宗瑜．人力资本产权的定价及其交易［J］．中国工业经济，2001（3）.

［108］肖曙光，蒋苁．企业智力资本入股实施研究［J］．中国工业经济，2012（8）.

［109］肖曙光，柳兰．企业智力资本入股的治理风险及其防范［J］．江西社会科学，2015（6）.

［110］肖曙光，王国顺，蒋顺才．我国券商治理的风险分析及对策［J］．商业经济与管理，2005（1）.

［111］肖曙光，王国顺．企业人力资本入股股东的收入模式探究［J］．中州学刊，2005（5）.

［112］肖曙光，朱若鲁．智力资本参与企业剩余分配的机理新探［J］．求索，2014（4）.

［113］肖曙光．企业人力资本入股的理论基础与实施［J］．教育与经济，2009（2）.

［114］肖曙光．企业人力资本入股实施：一个整体框架研究［J］．中国工业经济，2006（8）．

［115］肖曙光．人力资本主导范式下的两权融合与分离［J］．中国工业经济，2009（3）．

［116］肖曙光．上市公司三类相容性风险防范与独立董事制度的完善［J］．经济与管理，2006（20）．

［117］肖曙光．我国上市公司独立董事制度的功能研究［D］．长沙：中南大学博士学位论文，2006．

［118］肖曙光．战略性新兴产业组织的劳资分配［J］．中国工业经济，2011（2）．

［119］谢德仁．企业剩余索取权：分享安排与剩余计量［M］．上海：上海人民出版社，2001．

［120］亚当·斯密．国富论［M］．北京：北京商务出版社，1979：218．

［121］杨瑞龙，聂辉华．不完全契约理论：一个综述［J］．经济研究，2006（2）．

［122］杨瑞龙，周业安．交易费用与企业所有权分配合约的选择［J］．经济研究，1998（9）．

［123］杨瑞龙，周业安．一个关于企业所有权安排的规范性分析框架及其理论含——兼评张维迎、周其仁及崔之元的一些观点［J］．经济研究，1997（1）．

［124］姚先国．人力资本与劳动者地位［J］．学术月刊，2006（2）．

［125］昝廷全．资源位定律及其应用［J］．中国工业经济，2005（11）．

［126］曾洁琼．企业智力资本计量问题研究［J］．中国工业经济，2006（3）．

［127］张洁．试论扩展资本保全理论研究的理论基础［J］．当代经济科学，1999（5）．

［128］张庆昌，刘启亮．论人力资本的两层次保全［J］．河北经贸大学学报，2002，23（5）．

［129］张维迎．博弈论与信息经济学［M］．上海：上海人民出版社，2004．

［130］张维迎．所有制、治理结构及委托—代理关系［J］．经济研究，1996（9）．

［131］赵农．权威关系的形成与企业的性质［J］．政治经济学评论，2004（1）．

［132］赵雯．人力资本股份化探讨［J］．同济大学学报（社会科学版），2002（2）．

［133］周其仁．市场里的企业：一个人力资本与非人力资本的特别合约［J］．经济研究，1996（6）．

［134］周艳辉．人力资本参与企业收益分配的依据［J］．中国市场，2008（3）．

［135］朱若鲁．基于智力资本入股视角的企业劳资分配研究［D］．长沙：湖南师范大学硕士学位论文，2014.

［136］朱秀梅，蔡莉，陈巍，刘青．新创企业与成熟企业的资源管理过程比较研究［J］．技术经济，2008（4）．

后　记

　　本书是在国家社科基金项目（批准号：12BJY039）研究成果的基础上整理而来的。专著得以顺利成型脱稿，首先必须特别感谢国家社科基金的宝贵资助，可以说，没有国家社科基金的资助，就没有我在该研究领域的多年研究坚持和本书的完成！

　　在课题研究期间，作为国家社科基金项目课题组重要成员，湖南师范大学副校长王善平教授，中南大学商学院党委书记游达明教授，湖南师范大学商学院院长李军教授，湖南师范大学商学院刘艺容教授、曹虹剑教授、黄小平副教授等曾多次参与讨论并提出了许多富有建设性的建议，在此深表感谢！

　　本书的完成，必须特别感谢蒋苁、朱若鲁、王小龙、柳兰、龙思怡和杨杰等我所指导的众多研究生们！他们作为课题组成员都不同程度地参与了我所主持的国家社科基金项目研究，他们的学位论文大多以该项目的某个环节或某个细分方向进行选题并成为本书不可或缺的阶段性成果。虽说他们的系列学位论文从选题、构思到具体撰写的诸多思想都来源于我，并在我的精心指导和无数次共同探讨下顺利完成，但他们作为从初学者到学有所成所经历的磨难和所凝结的辛勤汗水是常人所难以想象的，对本书的完成所起的作用也是不言而喻的。

　　同时，十分感谢经济管理出版社的各位领导和编辑，本书的顺利出版得到了他们很多的关心和帮助，他们的付出、热情、细心和善意，我将铭记在心。

　　本书是在吸取了国内外学者们有关研究成果的基础上形成的，如果没有他们的众多前期科研成果作为研究基础，就算我是一位技艺高超的"巧媳妇"，也"难做无米之炊"。在此，我对他们深表谢意！

要感恩的人实在太多，在这短短的致谢中恕我不能逐一提到。这里，让我向所有需要感恩的人一并致以最崇高的敬意和最诚挚的谢意！

"学海无涯苦作舟，书山有路勤为径"，我清醒地知道，本书的出版，只是我进行学术研究的一个阶段性总结，今后，我将继续奋发前行，以更多新成果、好成果来报答所有我需要感恩的人。

肖曙光

2017 年 6 月于广州